男
閨蜜

夏東豪 / 著

bro
meo

男閨蜜的愛情診療室

這本書是我搜集各方實際案例，透過問答，將生活中常見的兩性問題一一解析，希望讀者能在一問一答中，領悟到解決自身問題的啟示。

從事心理諮詢師一行，對我來說有個缺點，就是少了瘋狂追求異性的熱情，變得非常的理性。以前看見好女孩，化學的情愫之下，會有追求的衝動。但現在因為職業的關係，就算遇到心儀的女孩，很容易聊著就聊到幫對方諮詢，了解對方的問題之後，就會望而卻步。

每天清晨，泡一杯咖啡，打開電郵，為愛糾結的私訊與郵件紛至沓來。愛，究竟是神嗎？它能讓你痴，讓你笑，讓你哭，讓你癲，讓你欲罷不能。很多人跑來找我傾述，「因為愛，我病了」。

很多人生了病就急著把病菌殺死，殊不知會生病一定有它的意義，即是有要修煉的功課。生病還是得治，但是在治療疾病的同時，也請看看自己的心靈出了什麼問題，這樣才能溯本求源，解決最根本的問題，之後才能避免問題再次發生。

真正的愛，不會讓你生病，更不會讓你痛苦、焦慮、彷徨、恐懼……你之所以病了，你之所以突發這些負面情緒，是因為你的索取、自私、控制、占有、愛比較……雖然很多人一直誤解，固執地認為這一切都是對方造成的。

尋求幫助的人雖然想要逃離痛苦，但並不代表他想要改變。如果你讀完本書，埋怨：「你說的這些我都知道，但我就是無法做到啊！」那我只能對你實話實說，「你就繼續病下去吧，直至病入膏肓一命嗚呼。」

看了此書，不會立即解決你在兩性關係中遇到的糾結，反而會令你更加痛苦，因為唯有改變自己，才能改變你所面臨的困境，而改變自己，是很痛苦的。天下沒有白吃的午餐，只有「實踐」才能自救，還等什麼？闔上書，行動吧！

夏東豪

b

bromeo

男
閨蜜
bro
meo

打造戀愛ing 體質
CHAPTER 01

修煉愛的逆商，看透愛的真相

什麼是愛情逆商？

什麼是愛情的核心？是物質、性、信任、雙方家人、責任、小孩、門當戶對、經濟獨立，還是事業有成……No，是，愛情逆商。

愛情逆商簡單地說，就是在愛情路上跌倒後爬起來的速度！

一個人的親密關係的能力，和他的愛情逆商成正比。當愛情遇到挫折，比如情人做了你不喜歡的事，你會如何處理呢？憤怒、咆哮、懷疑、控制對方等都是不需要努力的低愛情逆商的表現，這種方式只會破壞關係。愛情逆商高的人不代表遇到愛情挫折時沒有情緒，而是不管有沒有情緒，都會用正確的方式處理。

而愛情逆商低的人，就只會生氣責罵、難過哭訴、憤恨報復，即使對方道歉改錯，也繼續給對方臉色看、不再信任、極端控制、百般諷刺、盡情挖苦。愛情遇到問題要去解決，而非責罵、抱

怨，反而要表現出尊重、寬容，才是高愛情逆商的表現，這樣才能創造幸福！

愛情為什麼讓人抓狂？

很多人「因為愛，才會在乎、才會計較、才會痛苦」。錯！愛是很美好的，愛才不會令人痛苦，令人痛苦的是「自私、占有、控制、索愛」，它們才是造成痛苦的罪魁禍首，但問題就出在很多人不這樣認為。大多數的人都自以為「因為對方不懂愛、不夠愛我，所以才讓我痛苦」，這又是另一個錯誤。如果我們不帶著預設的標準，期望對方照自己的需求，對方所做的任何事，又怎麼會造成我們的痛苦？有些人會覺得，不認識的人當然無所謂，就是因為是自己愛的人所以才會在乎啊！問題是「會在乎」不是問題，就像我們會在乎父母一樣，但是父母沒按我們的意思，我們也不會怎樣，我們無法改變他們、也不打算改變他們。如果是情人，我們就認為對方不可以不符合我們的期望，否則就是不愛我們，所以我們想要對方改變，如果對方不改變，我們就覺得痛苦。由此證明，「在乎」不會造成痛苦，「想改變別人」才會造成痛苦。

愛為什麼讓人抓狂？答案很簡單，自以為有了愛，就舉著愛的旗子批評對方，要求對方改變，如果對方不願當你的傀儡，你就抓狂了。

愛情路上的十大逆境

逆境一：他出軌了。

情人出軌大概是愛情裡最痛恨的事，遇到這種情形，大多數人的反應都先是痛苦至極，然後憤怒之極，最後破口大罵、批評指責對方，這就是愛情逆商低的行為模式。批評指責誰不會？如果憤怒批評就可以把事情搞定，那滿街都是罵來罵去的人了，上班也是罵來罵去，談生意也是罵來罵去。我不是說遇到這種事情不可以有情緒，遇到這種事當然可以有情緒，但是有情緒還是要控制自己的行為。或許有人會說，「就是因為有情緒才無法控制自己的行為啊！」所以我才說，愛情需要修煉。可惜，愛情逆商低的人永遠拿這句話當藉口，所以永遠無法成長。

天下沒有白吃的午餐，如果員工帶著情緒做事情，他的藉口是「就是因為有情緒才無法控制自己的行為」，相信不久就會被公司開除，他這種個性也不會受人歡迎。

逆境二：他家人嫌棄我。

焦點在哪裡，痛苦就在哪裡。我們常說：「不要在乎別人的眼光。」能不能做到，就是愛情逆商高低的差別。在這世界上，我們最不能控制的就是別人的想法，如果別人對我們有負面想法時，我們可以有兩個解決方案，一是，不斷糾結為什麼對方要這樣想我說我對我，然後花很多的精力痛苦，期望自己的痛苦會讓對方頓悟他是錯的自己是對的，因為自己無法接受對方這樣想我說我對我。

試想，難道我們是為別人而活嗎？日子要過得好都來不及了，把時間精力浪費在希望別人改變上面，那麼有問題的是自己而不是別人。

不管對方怎麼想，顧好自己，這不代表要給對方臉色看或惡言相向，而是要想，我就是這樣的人，別人要這樣想我也沒辦法。如果連你都不為自己活，那還能指望誰為你活？

逆境三：雙方父母矛盾。

不要把自己當神。改變一個人，已經很不容易，如果一次想改變四個，希望這四個人都照你的期望，那麼你一定瘋了，一定是嫌日子過得不夠煩，要給自己找碴。當然不是說我們很高興看到父母有不合，我不是說不可以多做些什麼，重點是懷著怎樣的心情

去做。

首先我們要建立一個態度，雙方父母的事，是他們的事情，不是我們的事情，我們不應該把他們的情緒扛過來，他們的情緒應該自己扛。我們可以勸說，如果勸說不了，我們應該接受他們處於不合，有機會再勸說。很多人的痛苦，就是在於不接受事實呈現自己不喜歡的狀態，這樣活著是很累的，因為周遭的事物永遠不可能按照自己的意思。

逆境四：遠距離戀愛。
相愛的人不能一起住已經很不幸了，能夠在一起的時候，應該好好珍惜，遠距離已經讓彼此的感情交流及聯繫比住在同一個城市的人來得薄弱了，如果又批評、挑對方的錯，那只會讓感情越來越不穩固，終究會出現裂痕而導致分手。

情侶各自有各自的生活，各自有對對方的情感需求，各自有各自的壓力與煩惱。住在同一個城市，因為常見面，可以及時給予對方支持，可以化解對方的情緒，即使爭吵，也可以及時面對與處理，即使感情有裂痕，也很容易修補。但是遠距離戀愛，沒有機會及時面對及消除負面爭執，所以不論通電話還是見面，都不應該把積壓的不滿發洩出來，一旦發洩出來，就沒有機會修補了。一定要互相體諒，珍惜每一次相聚的時光。

逆境五：家暴！

在一段感情裡，施暴固然可惡，甚至違法。但是，如果沒有願意接受暴力的對象，施展暴力的人也不可能得逞。我們要把焦點放在受害者身上，一味地罵家暴者，並不會幫助到受害者，反而會讓受害者更加受害，更加痛恨家暴者，結果只能繼續痛苦下去。

關鍵是受害者要看見問題是出在自己身上，是自己不斷地允許對方施暴，雖然極度不願意，但如果只是嘴上說說，情緒上難過，並沒有做出任何實際行動，就等於允許對方。所以，遇到家暴，要收回允許對方加害自己的權利，要用堅決的行動保護自己，一定要對方決心改變才可以繼續交往，不改變就保持距離或分手。

逆境六：越愛越淡。

天下沒有白吃的午餐，感情是經營出來的，激情是培養出來的。人會有「感官疲勞」，刺激久了，就沒什麼感覺了。同樣，人的心理也有「心理疲勞」，也會因為重複或時間久了，慢慢沖淡。

例如，今天對方做了一件事覺得開心，但是時間久了，開心的感覺就會消失，下次對方再做同樣的事情，感覺就大不如前，甚至沒感覺了。熱戀時，在化學作用下，激情可以說是達到巔峰，隨著時間過去，激情就會慢慢減退，甚至消失無蹤。有些人認為，這是愛情轉為親情的結果，是正常的現象。如何保持激情呢？很

多人認為激情應該像初識對方一樣，與生俱來。事實上，激情是可以透過做些什麼引誘出來的，但是要去做，而不是光抱怨就會自動產生。

例如，因為工作忙碌，好久沒有一起吃燭光晚餐、一起看電影，那麼就應該特意騰出時間，好好安排「約會」，享受一下浪漫時光。也可以穿性感內衣，增加情趣。如果都不做，又怎麼會有激情呢？

逆境七：沒錢買房＝不能結婚。

有問題的永遠不是現實，而是人的想法。有人說，沒錢買房就無法結婚。有人認為沒賺夠錢，就無法負擔婚後的經濟，這不是現實問題，這是恐懼，如果沒有錢是現實問題，那麼這世界上有很多人根本就不能結婚，因為他們沒錢，賺的錢也很少。

這些恐懼源自於害怕沒有錢，以後無法過好日子。有錢當然更好，誰不想有錢？顧慮錢的問題而不敢結婚的人，事實上是怕吃苦，因為他們不容許生活品質有一點點下降，他們認為一定要賺很多錢才能保持婚後的生活水平，那些錢不夠的人為什麼照樣結婚呢？因為他們肯吃苦，這是生活逆商高低的問題。

逆境八：我出軌了。

有人為對方出軌所苦，有人則是為自己出軌所苦，然後就認為愛情的問題都在出軌，拚命想辦法解決出軌，以為只要解決出軌，一切問題都可以解決。最終發現根本控制不了出軌，然後一直為此所苦，最後導致分手。

出軌的問題在於，一開始就搞錯焦點，錯在一段感情裡，不論哪一方出軌，感情已經有了裂痕。如果要解決出軌，一定要先解決彼此的問題。出軌發生時，受傷的一方會把過錯全盤推到出軌的人身上，而不承認自己也有錯，即使可以接受對方的錯誤、希望對方回來，卻不承認感情已經破裂，還以為和以前一樣。這都是逃避檢視或承認彼此有問題。

逆境九：找不到情人。

現在剩男剩女一堆，每個人看起來都很優，可是，為什麼找不到對象呢？這是好壞一體兩面的現象：壞的一面是，很多人想要伴侶、想要結婚，卻找不到可以在一起的人，人生就這樣蹉跎掉了；好的一面是，越來越多的人不願意為他人改變，不願意按別人的期望過活，單身反而能快快樂樂地活出自己。當然，對於想要愛情的人，「找不到情人」絕不是一件好事，但是為什麼找不到情人呢？因為現在的人要求變高了，我不是指外貌、財富、家境等條件要求變高了，而是要求雙方心靈的契合度變高。其實大

家的條件都不錯，彼此的條件也相互符合，但是只要有一點不符合，很多人就會打退堂鼓，或者抱持觀望心態，不敢貿然前行，最後還是不了了之。所以現在的人，不是找不到情人，而是找不到心中完美的情人。

逆境十：他總是懷疑我。

夫妻之間要互敬、互諒，才能創造和諧的親密關係，其中就包括相互信任。我不敢說相互信任就一定可以創造親密關係，但是情人如果相互懷疑，一定會破壞感情，最後導致關係惡化。

我們之所以會懷疑對方，通常是沒有自信、害怕失去對方，或害怕被拋棄，很明顯是緣自自身原有的創傷，如果懷疑者看不見這一點，總是認為是對方的問題，那麼就失去發現問題、找到自身問題根源、療癒自己的機會，而且一直抱著懷疑的態度，完全不是出自於愛。這根本不是愛，對方當然會反抗，到最後只想分手。

試想，誰願意跟一個沒有愛、不斷懷疑、攻擊對方的人在一起？但是懷疑者的另一半，也不要因為對方懷疑就大怒，應該要看到對方沒有安全感的一面，善意地回應，並且強化愛的信念，讓對方有「他是你的唯一」的感覺，對方才會慢慢釋懷。

你不知道的十大愛情假象

假象 *1*　　　我愛你，所以你晚歸不告訴我我會很生氣，因為我擔心你會出事。

真相：怕對方覺得自己不重要。

這些人美其名擔心對方出事，為什麼會擔心呢？答案是因為愛對方所以擔心。如果真的是因為愛，那麼為什麼父母晚歸卻不擔心，難道他們不愛父母嗎？他們當然愛父母，但是為什麼不擔心？因為這些人不擔心父母跑去愛別人的子女。還有，他們尊重父母的個人自由。

換句話說，情人晚歸擔心情人出事，完全是覺得「情人沒通知我是一種不愛我或不尊重我的表現」，所以才會生氣。如果真的是因為這個原因生氣，那也無可厚非，不妨就直接告訴他：「我希望你能先告知我一聲，我就不等你了，否則我會一直等你。」而不要用「擔心你」這個藉口。就算你的「擔心」是真的，那也要

改進，大家都是成年人了，除非失蹤二十四小時以上，才真的需要擔心，否則出去玩幾小時就要擔心，那就太過焦慮了，也容易造成對方的壓力。試想，如果你出去玩，每次玩得稍微晚，母親就擔心個不停，相信你也會認為母親需要放寬心、改變。

假象 *2* 　難道我對你太好也錯了嗎？

真相：很多人拚命付出，結果對方不但不領情，還覺得難婆，甚至批評對方。付出的人覺得很受傷，覺得為什麼付出這麼多卻得不到回應？

為什麼會這樣？問題就出在所謂的付出，是不是對方想要的。很多人「好心」對人，但好心不見得好報，因為你的好心不見得是對方想要的。如果你的好心不是對方想要的，對方不但不會感謝，還會覺得你太多事，不尊重他，是一種壓力。有時候你做的「好事」雖然不是對方要的，但他可以接受，因為還不到「討厭」，所以沒有拒絕，但並不代表就是對方想要你為他做的事。即使對方接受了你的付出，也不會為感情加分。記得下次要為對方付出前，最好問一下，尊重一下對方。

假象 *3* ┃ **A愛我，但我不愛A；我愛B，但是B不愛我。我該選誰好？**

真相：表面上是選擇題，實際上不是心談戀愛，而是用腦談戀愛。

如果不愛A，當然不能選A，如果愛B，當然選B，並試著改變B，但是如果B還是拒絕，那就找下一個人。問題卡在明明不愛A，因為A愛你，所以要考慮一下，這根本沒用心談戀愛，而是用大腦權衡利弊所選出來的對象，不會是好的對象，也是不懂愛的表現。

如果愛一個人，而對方卻不愛自己，不是說就不可以追求，可以試著追求，如果不行，就要懂得放手。如果不願意放手，那就是不懂愛，不放手不是為了愛對方，而是為了愛自己，想要得到對方，但是對方又不會跟自己在一起，於是覺得痛苦。如果不懂得愛而覺得痛苦，那就是報應。

假象 *4* 我得了憂鬱症，不想工作，不想吃飯，睡不著。這都是你的錯，如果不是你要分手，我也不會變成這樣。

真相：自己的命運隨便讓人操控，也太可笑了。

修心者說：「一切的痛苦都是自己造成的，自己是一切問題的根源。」

痛苦者會堅決反對，並且認為我的痛苦理所當然是別人造成的，若不是因為那個人、做了那件事，我怎麼會痛苦？事實的真相是，痛苦的根源不是因為對方做了什麼事，而是我們認為對方做的事情會傷害我們。換句話說，我們覺不覺得痛苦的決定權在我們手裡，而不是因為對方做了什麼事。

同樣的事情，如果是不同人做，感受會不同，可見跟事情本身無關，而是跟誰做有關。很多人會說：「那當然，不在乎的人我當然不在乎！」但「為什麼在乎的人就要讓我們痛苦呢」？這是很多人不去想的問題。試想，你很在乎的人說了幾句批評或很難聽的話，你聽了覺得難過或生氣，表面上雖然是對方造成的，但你有沒有想過，對方只不過說了幾句，你卻為他說的話難過得要死或氣得發抖。有沒有搞錯？那豈不是把自己的生活、甚至生命交給別人的嘴巴，讓人隨便玩弄？

不要抱怨，不要總是被對方弄得暴跳如雷，這樣才有改進的可能。

假象 5　你最近越來越少打電話給我，你一定是不愛我了。

真相：你一定是嫌自己過得太好了，故意找理由痛苦。

事實永遠是中立的，中立永遠不會讓人痛苦，會讓人痛苦的一定是不好的事情，但不好的事情從哪裡來的？當然是從人的大腦產生出來的。

電話太少「等於」不愛我了，而「不愛我了」導致你的痛苦。因為愛的人不愛我而痛苦，這是情有可原，但問題是「不愛我了」是自己編出來的，並不是事實，為一個不是事實的事實痛苦，那不是神經病嗎？就好像看到情人脫襪子，就覺得情人不愛他而覺得痛苦，相信大家一定認為這個人瘋了。一個人要過得快樂都來不及了，還拚命無事化有、小事化大，那這個人一定是嫌自己過得太快樂了。要繼續過得快樂，應該想想如何想才能大事化小、小事化無才對。

假象 *6* 你拋棄我，我想我這輩子再也遇不到對的人了。

真相：很多人喜歡沉浸在自己的世界裡走不出來。

這種人就算身旁的親朋好友費盡口舌還是沒用，因為他不用為負面想法付出任何代價，所以他緊抱著負面想法死不放手，也不願想一想其他的可能。例如，某人認為他再也找不到比眼前更好的情人，他只愛眼前這個人，他因為情人離開所苦。又或者他覺得事業失敗會讓他永無翻身之日，這輩子無法過好日子而終身沉浸在痛苦之中走不出來。

你要怎麼勸說才能讓這種人相信會有美好未來？他們說「不可能」的時候，你就跟他們打賭說，「我跟你賭十億這件事會過去，你會變好，你的未來會比現在更好！」不是開玩笑而是真的賭喔，我相信他們當下就會清醒過來，不會跟你賭，因為他們知道你才是對的，他們會輸。

假象 *7*　如果錯的是你，那麼你就要負起改變的責任，而不是我。

真相：如果要等錯的一方自行改變，那麼直接分手會比較快。

很多人覺得之所以痛苦都是對方造成的，如果要脫離痛苦，對方一定要改變，否則自己永遠無法快樂。如果想要對方改變，自己卻什麼也沒做，就期待對方自動改變，是不可能的事情，自己必須做出一些改變，才有可能影響對方做出相應對的改變。

但問題來了，受害者會認為，明明是對方錯，為什麼不是他改變，卻要我改變？想要對方改變的人是你，對方並不想改，所以誰想要求改變，誰就必須付出努力，就好像誰想拿獎金，誰就必須好好工作一樣天經地義。千萬不要陷入「對錯」，論對錯，事情就無法解決，把焦點放在「如何解決」才是重點，如果對的一方願意先做些改變好讓錯的一方跟著改變，又有何不可？若對的一方堅持不可先改變，那麼代表他跟錯的一方一樣固執。

假象 8 因為你愛我，所以你要好好善待我，不可以對我大呼小叫。要包容我，容忍我的大小姐脾氣，不可以生我的氣，否則你就是不愛我。

真相：憑什麼要求對方付出「無條件的愛」，而自己卻是「自私的愛」？

很多人嘴上說愛對方，實際上是要求對方愛自己。要求對方愛自己就算了，還要求對方的愛必須要做到容忍和謙讓，否則就是不愛了。這是「只准州官放火、不許百姓點燈」的霸王條約。如果你有脾氣，就要對方包容，對方不包容就是不愛了⋯⋯利益都讓你占盡了，這就是愛嗎？這叫自私。千萬不要打著愛的名義，行自私之實。

假象 *9* 我總是吸引壞男人，我這輩子都遇不到好男人了。

真相：不論你想什麼，你都會心想事成的。

這個世界是靠人的信念運轉的，現代科學的物理量子力學也已經證明，物質世界是無法脫離心智世界而存在，也就是說物質世界受心智世界所影響。中國有句俗話，「好事不靈壞事靈」，意思是人們希望發生的好事往往不會發生，但是擔心的壞事卻經常發生，這就是所謂的「心想事成」。有人會反駁，如果這叫心想事成，為什麼想好的就不會心想事成？事實上，真正想好事的人也心想事成了，重點在於，雖然很多人希望好事發生，但是「希望」的時間非常短，只有別人問起或自己想起的時候，才想起，其他無意識的時間裡，都是擔心壞事。按照時間的比例，心想事成當然會以時間多的為準。

此外，從心理學的角度來說，當女人認為她遇不到好男人，她傾向於看男人的缺點，而不是看男人的優點，所以自然很容易挑出男人的錯，自然就遇不到好男人。如果她認為她會遇到好男人，那麼她就會去看男人的優點，容易寬容男人的缺點，自然牽手好男人的機率就大些。

假象 *10* 只要你不聽我的,我就一哭二鬧三上吊。

真相:這和無賴的差別在哪裡?

當兩人進入親密關係的時候,經常會把關係投射成親子。當他把親密關係投射成親子關係的時候,就變成了孩子,把對方視為父母,表現出孩子對父母的態度。例如嬰兒時期,一哭鬧父母就趕緊餵奶,或者千方百計地滿足嬰兒的需求好讓他安靜下來。等長大些,小孩子想要買玩具或吃冰淇淋,父母若是不給,小孩子就會用哭鬧、發脾氣的方式,直到父母答應為止,通常父母為了不讓孩子吵鬧大都會答應。但是如果把這招套用在情人身上,不但不靈,還會引來厭惡。要知道,小孩子可以耍脾氣,可是大人像小孩子一樣耍脾氣,那就跟無賴無別了,而且也無法解決問題,如果要真正解決問題,請讓自己長大,變成大人。

如何提高愛情逆商？

第一步：可以發洩情緒，但是不要痛恨對方。

高愛情逆商的表現並不是指人不可以有情緒。人是感情的動物，遇到傷害時，是無法控制自己的情緒的，所以有情緒是正常的，有情緒可以發洩出來，情緒不會傷害人，會傷害人的是語言，所以不要控制情緒，但是要學會控制語言。或許有人會說：「就是因為有情緒才無法控制啊！」說這種話就如同父母生氣就打小孩一樣，有情緒就無法控制的父母是不負責任的父母，怎麼可以把打小孩子的惡行推到「有情緒就無法控制」，然後裝作沒事？只要有心，就可以控制自己的行為。首先不要痛恨對方，可以認定對方行為的對錯，但是不要認定善惡，因為恨來自於惡，例如把孩子偷竊當作是錯的行為，但不是惡，就不會那麼生氣，這不代表不糾正孩子，如果把孩子偷竊當作惡，那就會很生氣。同樣，不把外遇當作「惡」，就不會那麼氣了，但它的確是錯的。

第二步：沒有人生下來是為了你而活。

很多時候，我們會痛苦是因為我們假借愛的名義，認為對方不該用我們不喜歡的方式對待我們，如果情人沒有照我們期望，我們就覺得對方不愛了，我們就為「不愛」而生氣。但問題是，世界上沒有人是為我們而生、為我們而活的，對方永遠有選擇的權利，永遠有說話、做任何事的權利。既然如此，我們又有什麼資格要求對方一定要照我們想的，而不能按照他自己的想法行動呢？或許有人會說：「如果對方愛我就應該照我說的去做啊！」好，就算是對方沒有這樣做代表他不愛我們，但是，他也有不愛我們的自由啊，我們又有什麼權利要對方愛我們至死不渝？雖然一開始遇到挫折還是會痛苦，但是認清這點，就很容易從悲痛中走出來。

第三步：自己才是痛苦的敵人，而不是抱怨、怪罪對方。

表面上，是對方造成我們的痛苦，但是實際上讓我們痛苦的人是自己。比如，昨天和情人吵架，今天情人去上班，他的心思完全在工作上面，可是我還是很痛苦。請問，此時此刻，他忙於工作什麼都沒做，此時此刻令自己痛苦的是誰？當然是自己，不是自己還會是誰？講得誇張一點，如果他意外去世了，但是自己還為了被背叛傷心難過，這難過是誰造成的呢？難道是對方？問題是對方都死了，怎麼可能是造成痛苦的現行犯呢？傷害的事實只發生一次，之後所有的痛苦都是自己造成的，就好比大地震一樣，

地震過後對親人的死會難過一陣子甚至好久，但是沒有人活在「仇恨地震」的痛苦當中，因為他們接受「地震」的事實，剩下的只是單純地為「失去」難過而已。

第四步：檢討自己的過失。

想要不痛恨對方還有一種辦法，那就是看到自己的責任或過錯，如果認為自己完全沒責任、完全沒錯，就會以為痛苦都是對方造成的。一旦發現自己也有責任、也有錯的地方，那麼很快就會降低痛恨對方的情緒。如果放下埋怨對方的心態，認真檢討自己到底哪裡做錯了，通常可以找到原因，因為事情的發生，其實是許多事情的連鎖反應，也就是所謂的蝴蝶效應。事情會導致今天的局面，一定是之前某個環節沒發現，而種下了爆裂的種子。如果及早發現問題，及早改善，或許問題就不會導致於此。就算真的找不到自己有錯的地方，那一定有一個地方做錯，那就是「不該為對方的錯而懲罰自己、不應該為了對方而讓自己痛苦」，自己的生命應該為自己活的，怎麼可以輕易把自己的喜怒哀樂全讓對方操控呢？

第五步：使用有效的溝通方式。

兩個人在真正起大爭執與紛爭之前，一定是彼此沒有使用有效的溝通方式，而導致惡劣的情緒。兩個不同的個體一定會有差異，

這是最最基本的常識，有差異就一定有摩擦，有摩擦就需要溝通，但問題就出在溝通。

溝通最不重要的是文字，因為同樣的文字如果用不同的語氣與態度，感覺就會完全不同，所以語氣與態度是溝通最重要的條件。當然，在情緒當下很難用理智的方式溝通，所以溝通最好不要在吵架的時候。吵架最好只是把情緒發洩出來，不要講激動或惡毒的話，等到吵架過後，再找個適當時機溝通。這時態度就很重要，記得不要把對方當敵人，而是抱著希望好好解決事情的態度去溝通。其次，是要注意姿勢表情，最好是面帶微笑，不要皺著眉頭一副兇樣，否則對方自然會反抗，什麼話都聽不進去。

bromeo

男
閨蜜
bro
meo

33個姐妹淘
沒有辦法跟妳說的
愛情真心話

CHAPTER 02

男
閨蜜
bro
meo

愛情療傷中心
PART 1

舊愛留下的傷口，怎麼撫平？

> 我現在放寬心去看過去的感情，我發現，前男友沒做錯什麼，
> 或者說即使他有不對的地方，我也沒什麼好生氣或受傷的，一
> 切情緒及傷害都是我過去的創傷又被觸碰……

夏博士，這兩天我一直很煩躁，因為我收到了前男友的喜帖……
看著喜帖我愣住了，因為我們好久沒聯絡了。雖然分手時說以後還
是朋友，但是從那以後我們都是各過各的。如今，怎麼會寄喜帖給
我？

其實我早就知道他要結婚了，可是真的收到喜帖的時候，心裡還是
非常不是滋味。他是我的初戀，國二我就開始暗戀他，我們一起長
大，渡過了國中、高中，大學也是在相鄰的兩個學校讀書，但我一
直把這份愛藏在心裡，直到二十三歲才向他告白。他一直都在外地
工作，一年只能見面幾次，春節、五一、國慶，相處的天數屈指可
數，所以我對這份感情非常沒有安全感。若叫他回來吧，他在那個
城市工作比較好，他捨不得放棄；不回來吧，我又受不了只透過網
路、電話談戀愛的痛苦，後來忍無可忍，我終於提出分手。

現在回想起來，我當時的決定是多麼草率呀。現在才知道，遠距離戀愛算什麼呢？如果真的愛對方，是能夠經得起任何考驗的。暗戀了十幾年，只交往一年就分手了。之後幾年，我也認識了其他男人，因為沒感覺、沒緣分、性格不合等原因，都分手了，如今過盡千帆，我仍對他難以忘懷，可是他也找到了他的歸屬。他的未婚妻是我們的高中同學，曾經是我的姊妹淘。她大學畢業後工作的地方和他是同一個城市，我和他分手之後沒多久，他們就交往了。我知道他遲早會結婚，但我情願他娶一個陌生的女人，而不是她。反正我就是不想他們在一起，不想看見他們曬恩愛的樣子，不想從他們充滿愛的眼神裡對照出我形隻影單的身影。我寧願他們忘了我，不要邀請我去做他們愛情的見證人。我真的不想大方的祝福他們，因為我心裡的傷痛還在。

如果不去，別人會知道我還耿耿於懷；如果去了，我能坦盪盪地面對他們，然後言不由衷地說祝你們白頭偕老嗎？還是找一個帥哥充當我的假男友，幫我衝人氣？

夏博士，他為什麼要發喜帖給我？我該怎麼辦？

Cherry

親愛的Cherry：

「前男友的喜帖」其實在日常生活中並不常發生，原因有以下幾點。

第一，對象不對。結婚邀請的人，大都是親朋好友，像前男友／前女友這種，沒列為通緝犯就不錯了，怎麼可能邀請？

第二，場合不對。一般來說，我們會看場合邀請適合的客人，這是一種基本禮儀和潛規則，而結婚這種場合，不管是為了自己、配偶，或者親朋好友，都不適合邀請前男友／前女友參加。

第三，感覺不對。從情感面來看，邀請前男友／前女友，可能會造成雙方或其中一方尷尬、傷感、生恨等負面情感，現在要「活得幸福」已經是很難的事了，如果還主動破壞幸福，那豈不是犯賤？

所以，Cherry，恭喜你，你中頭獎了！

只有極少數會邀請前女友來參加自己的婚禮，其中的原因不外乎以下幾種。

第一，友情。不論過去分手的時候是你情我願還是你怨我欠，總之，那都過去了，現在大家都是好朋友，甚至與配偶三方都是朋友，那麼邀請朋友來分享結婚的喜悅是天經地義的事情嘛？不過

這是以發帖的人的主觀感覺為主，他「神經大條」自認為與你已經是朋友，而你卻不一定這樣想，你可能還是藕斷絲連，只是隱藏得很好。又或者他也可能以自己的感覺為出發點，而沒有考慮你的感覺，雖然你們已經分手了，但你仍餘情未了，不可能看見他曬恩愛而無動於衷，更甭說還開心地送上祝福，沒咬牙切齒就不錯了。

第二，開源。辦一場婚宴，對一對新人來說，通常花費不菲，更何況許多新人，都想在財力有限之下，辦一場場面浩大、轟轟烈烈、終身難忘的世紀婚禮。如果辦得不好，對新人的經濟損失將會很慘重；如果辦得還可以，那麼不盈不虧，還算過得去；厲害的是辦得好的新人，不但沒有損失，還能從中賺一筆，之後的新房裝潢或奶粉錢都不用愁了。不管基於成本或其他因素，若想要彌補財務上的大洞，唯一的收入來源就是增加貴賓的紅包數量，於是管你是誰，只要是他們認識的，都會被炸，一個都逃不掉。如果你能確認他是這種心態，不如你就索性去大吃一頓，只包個五百元紅包氣死他。

其次還有一些原因，包含了個人錯綜複雜的情感成分：

第一，想要證明自己過得很好的心態。我只想證明我現在過得很好，過去的事我已經放下，我必須做這件事來證明我已經放下，否則我就是嘴上說放下但事實卻沒放下（事實上是，所以才要做

些事情來證明不是）。他這樣做是為了讓自己好過，跟你感覺好不好無關，他也不在乎你的感覺。

第二，想讓你受傷的報復心態。因為過去你傷害了他，現在他也要讓你痛苦，要你後悔。他可以想像當你收到喜帖時一臉痛苦的模樣，如果你去參加婚禮的話，你放心，他一定會用最溫柔、最幸福的笑容把你的心刺穿。不過，等他們過得不幸福的時候，就換你笑了。根據現在的離婚率，以及即使不離婚也不見得過得好的比例，這機會還蠻大的。

第三，「一視同仁」的心態。不管經濟原因或情感因素，不論男女老少，貧富貴賤，朋友敵人，一律同等對待，統統有份。這種人大概是少根筋，才會有這樣的想法，那你一定要去看看是誰嫁給了這種少根筋的男人。

第四，當初是誰甩了對方。通常甩人的人對此事比較放得開，被甩的通常無法接受。但是這也有分男女，即使是女性主動提分手，但通常還是很受傷。如果現在傷好了，不會受影響，那可以去；如果傷還未好，最好不要去「勾起傷痛」。

第五，你現在過得如何？在感情方面，說實話，如果你現在有男朋友，情感穩定甜蜜，那麼過去的創傷應該撫平了，你可以大方地去，而且帶你的男友一起去送上祝福；如果你跟現在的男友有問題，那又何必去「自我傷痛」。

第六，你對此事的感受及自身的個性。如果你很生氣，覺得「他就是故意炸喜帖」，而你的個性是「老娘就是不怕你，怎樣」，那麼你非但要去，還可以用語言酸他一下，否則你這口氣會嚥不下去。如果你的個性是懦弱怕事型的，不如不去，免得自討沒趣，還不如找姊妹訴苦，背後痛罵一下。如果你對此事感覺無所謂，你的個性是溫和型的，那就無所謂的去，無所謂的回來。如果你的個性是火爆型，那你要考慮的是，你是否能管住你的嘴巴。如果你的個性是多愁善感型，那去可能只會讓你情緒低落。

老實說，如果決定去，你會有怎樣的心情和表現，以及對你有什麼影響，你應該是可以自我評估。

Cherry，從心理學角度分析，不管你該不該，只要你心裡有糾結或痛苦，你就應該去解決，「前男友的喜帖」這件事只是剛好把你的痛苦呈現出來，讓你知道你的內心還有傷痛沒撫平。處理完這個問題後你還要不要去，那是你的自由了（不是說不去心理就不健康，心理健康的就一定得去）。怕鬼就不要走夜路，走夜路就不要怕鬼，你要接受下決定所付出的代價。不要對你的決定後悔。有可能你以為去了沒事，結果你去了沒有達成如期預想的結果，那麼，你還是要為自己喝彩，因為你面對了，就是最勇敢的表現。

夏東豪

放不下舊愛，怎麼過都糾結

愛一個人就要義無反顧，而不是試試看、比較看看，愛情不是相處得好就愛，相處不好就不愛。只有當你認定對方是唯一，愛才會被激發出來，如果想著下一個會更好，那麼一有爭執，愛就會消失得無影無蹤。

夏博士，今天晚上我跟男友Kevin看完電影搭捷運回去，快要出站時，眼前晃過一個匆匆走過的清瘦身影，正向出站口跑去。那一刻，我突然停住了腳步，對Kevin說，「你在這兒等我一會兒。」我飛奔回去找那個人，但人已經無影無蹤。我心神不寧地回頭找Kevin，Kevin好奇地問：「誰啊？還跑回去找？」我強顏歡笑，「啊，沒事，看錯了。」

一路上我一直在想，剛才那人是不是Blair呢？Blair怎麼會在上海？難道他來上海出差？他怎麼還這麼瘦？是不是工作太拼命？想著想著，眼淚就不爭氣地流了下來。

Blair是我的前男友，我們已經分手三年多了，他是個事業心很強的

男人，出差是家常便飯，因此我們在一起的時間很少，少就算了，他不出差的時候，也經常跟朋友出去，說什麼要有自己的空間。我無法接受這種經常一個人過日子的生活，我要找一個不用出差、能天天在家陪我的男友，所以最後我和他分手了。跟Blair分手後不久，我遇到了Kevin，他是個很顧家的人，每天一下班就回家，很少和朋友、同事去酒吧Happy Hour。

剛開始和Kevin相處時，他的溫柔與體貼讓我有如沐春風的感覺。Kevin什麼都聽我的，對我總是細聲細語，不像Blair，稍有不開心就對我大吼大叫，一點都不尊重我的感受。但相處了一年多我才發現，女生不管換幾個男友，仔細觀察會發現歷屆男友都有共同的缺點。

任何一段感情都會隨著時間的流逝而轉淡，我和Kevin也不能逃脫這種命運。我們開始為了一點小事爭吵，他不再疼愛我，他生氣的時候也會像Blair一樣把餐具扔在地上。我醒悟了，男人原來都一樣，我開始後悔自己當初為什麼要離開Blair，其實我還愛他呀。而且常常待在家裡，也顯示出Kevin的另一面：沒事業心。相比之下，我很失望，我現在寧願Kevin像Blair那樣多花點心思在事業上，都三十幾歲的人了，Kevin還是公司小職員，職位低我不在乎，但問題是他一點都沒有想往上爬的衝勁，每天就是吃喝玩樂，標準月光族，不像Blair，職位不斷往上晉升。唉，我現在後悔又有什麼用呢？

夏博士，網路上說巨蟹座都很重感情，初戀的感覺對巨蟹座來說無可取代，但是，巨蟹座並不會因此而想要跟舊情人重修舊好，初戀對巨蟹座而言是很溫暖的，隨著年歲增長的巨蟹座，每每回想起初戀時的單純甜蜜，甚至會覺得爭吵都是美好的，巨蟹座會把初戀轉化成美好而正面的力量。

我就是典型的巨蟹座，直到現在，雖然我和Blair已經三年多沒見面了，但是偶有聯絡，並非從此不相往來，而且我們也大概了解彼此的狀況。現在我和Blair各有各的生活，但我卻經常夢到他，每次和Kevin激烈爭吵後就想起Blair對我的好，想起當時他為了我付出了那麼多，我好感動。現在我越來越想念他了，我該怎麼辦呢？

Melody

親愛的Melody：

經常有人說「平淡過一生就好」，可是當你真的過著平淡的生活時，有人可能又會說「人生要過得精彩，否則就白活了」；當你嚮往物質生活時，你可能會說，「我要一個很會賺錢的老公。」但是當他忙得無法陪你的時候，你可能又會說，「我不要老公賺這麼多錢，我要老公陪在我身邊。我不在乎錢，我要的只是一個愛我的老公。」但是當老公只愛你什麼都不做的時候，你可能又說，「我要一個上進的老公。」當老公不管你在幹什麼、不管你

的心情如何時，你可能會說，「我希望有一個關心我的老公。」
但是當老公真的很關心你，時時關注你去了哪裡，跟誰在一起，
不喜歡你單獨出去時，你可能又會說，「我希望有個不管我的老
公。」當老公抽菸喝酒，你可能會說，「我希望老公戒菸、戒
酒。」但當老公外遇時，你可能會說，「我寧願老公抽菸喝酒，
也絕不能容忍他背叛我。」當老公有暴力行為時，你可能會說，
「我寧願他外面有小三，也受不了家暴……」

這樣一直寫下去會沒完沒了，這些都說明了一點，就是人的欲望
永無止境，當一個人缺少什麼的時候，他就以為得到這個就幸福
了，可是當他得到之後，就開始不滿足了，他會想要得到另外一
個，而當他得到另外一個的時候，又想要得到其他的，於是就這
樣不斷地「想要」下去。如果只看別人不好的一面，那麼永遠找
不到好對象，以為找下去最後能符合條件的人就是個完美的人，
醒醒吧，別再做白日夢了，完美的人根本不存在。

有些人或許會說：「夏老師，人不能沒有欲望啊，滿足了一個想
追求另外一個，這不是天經地義的事嗎？比方說，她有一個對她
好的老公，不是很有錢但是生活還過得去、工作和孩子也沒什麼
大問題，所以她就滿足了。我們不是不滿足，而是我們沒有像她
那樣幸運，雖然她老公各方面都不是最好的，但至少每項都及格
了。而我遇到的男友不但不及格而且很差勁，你叫我怎麼接受？

人不是錯在有欲望，人有欲望沒有錯，但是欲望應該自己去滿足，這也是天經地義的事，但是自己的欲望要別人幫忙滿足，那就錯了。雖我們可以要求別人幫我們滿足我們的欲望，別人願意那很好，別人不願意，我們也沒有資格批評指責、憎恨他啊。這就好像我們肚子餓了，卻要別人去賺錢買東西給我們吃，這樣對嗎？

就算這些說法都沒錯，同樣也適用於對方，那麼請問，到底是誰該改變？誰該滿足對方的要求呢？

以前你跟前男友在一起時，你認為他工作忙，你受不了，現在又覺得工作忙是好事；以前你覺得他會大吵大叫你不喜歡，現在這個輕聲細語很喜歡，但又覺得兩個都一樣。你有沒有發現，你的問題不是第一個不好喜歡第二個、第二個不好喜歡第三個，而是第一個不好喜歡第二個，第二個不好又喜歡第一個，如果讓你回到第一個身邊，那以後你會不會還是覺得第二個比較好？照你的這種情況，這是很有可能發生的。所以你的問題不是現任男友好還是前任男友好，而是「你面對問題的態度」。

你的問題是「遇到問題，不好好解決，喜歡逃避」，其實這也是很多人的問題。當你不滿意前男友時，你有好好跟他溝通，解決你和他之間的難題嗎？我想你應該會說，「有，可是沒有用啊！」問題在於，如何解決問題？如果只是提出對方的問題，批

評對方的不是，這算是溝通嗎？就算自己的語氣很好，但是一味地要求對方改變，不改就離開，這也算溝通嗎？這叫要求、命令、說服。前者是低情商態度差的說服，後者充其量是高情商態度好的說服，都是從自己的立場出發，所以這種溝通是無效的。現在前男友的問題都不是問題了，可見他不用改，你也不用溝通，因為你改變了對他的看法。這點是值得學習的，那麼你是否能用同樣的「招式」改變你對現任男友的看法，而不是抱怨呢？

不是說你不可以回到前男友身邊，而是你要為眼前的問題努力，如果努力不成要回去也不遲，但是不能用以前錯誤的態度及方式對待，否則一定不會有結果。你要把焦點從「男友不好」改變成「我要如何處理我和他之間的問題」。注意，我不是說你把焦點放在你和現任男友身上，問題就解決了，事情還是需要努力的，但是你這個遇到問題就轉移焦點的模式要改變，否則，一輩子都會遇到相同的問題。遇到問題的態度轉變了，然後才是溝通。至於如何溝通？其實當你決定和他繼續交往、你願意改變看待的角度，你會發現其實溝通沒有那麼難。

夏東豪

別幻想「懂你」的人會出現

> 「找」一個懂你的人，不如說「養」一個懂你的人。
> 先學習一個人，然後再慢慢培養成一個懂你的人，這才是比較可行的「實際方法」。

夏博士，我想先和您分享我高一時讀過的情詩：

一直在等一個人，一個懂得珍惜緣分的人，

一個願和我牽手相伴到老的人，

一個跟我一樣相信世間有真愛的人。

一直在等一個人，一個關心我在意我的人，

一個懂得包容體諒我的人，

一個也許不完美但懂得珍惜我的人。

一直在等一個人，一個與我相親相愛的人，

一個我們相互傾心的人……

是的，這麼多年來，我一直在尋找那個懂我的人。

一個了解我任性的孩子氣，卻從不計較的人；一個清楚知道我生氣轉身時，多麼想要他追過來的人；一個會每天發簡訊或打電話，只

因為他想我的人；一個體貼我、當我想要靜靜享受屬於我的小確幸的人；一個我雖然不知道他什麼時候出現，但我會守候，因為我相信他的存在。

可是，我的父母無法理解，周圍的朋友也無法理解。最讓我痛苦的是，我一直在尋覓，愛情的路上似乎不太順利。我曾經交往過兩個男朋友，但是我覺得他們根本不懂我，最後還是分手了。父母覺得我的要求太高、太理想化。夏博士，您覺得我的要求算高嗎？難道要求對方了解我很過分嗎？我自己有不錯的薪資與工作，我並不要求對方家財萬貫，也不要求他英俊瀟灑，我只希望他能看穿我的逞強，保護我的脆弱。他可以在我眼淚掉下來之前，用大大的手掌搗住我的眼睛，在我耳邊輕聲地說，我的眼睛只有微笑的時候最美；他可以在我受委屈的時候把我擁入懷裡，告訴我在他面前永遠都不必偽裝堅強，告訴我就算全天下的人都不相信你，但你還有我。

夏博士，您也支持我的執著嗎？

Anna

親愛的Anna：

如果你想要找有錢人（懂你的人），對方也在找有錢人，你們不小心在一起了，結果你們發現雙方都不是有錢人，你們就會想

離開，轉身去找有錢的人，找不到就一直等下去。如果哪天你們真的遇上有錢人了，對方又為什麼會要你呢？或許你會說我有錢啊（我很懂別人啊），我也要找個有錢人啊，通常對方也覺得自己很有錢。然後你們在一起了，結果他發覺他有錢你很窮，你覺得你有錢他很窮，然後你們又分開了，結果兩個覺得自己有錢的窮光蛋還是一直等下去。所以，你真的想要有錢，最保險的方法是：讓自己變有錢！而不是找個有錢人。

請你仔細想想，你是一個「體貼的人」嗎？如果不是，你又憑什麼要求對方「懂你」？我相信一個體貼的人最終一定會受到對方的喜愛，對方也會願意去懂你的。如果對方沒有做到，等於你自己也沒有做到。所以要找到「懂你的人」，自己要先成為「懂別人的人」，如果你不願成為「懂別人的人」（不要太有自信以為懂別人很簡單，體貼是以別人的標準衡量，你自以為懂別人，但別人不見得這麼認為，就像你會以自己的標準來判定對方懂不懂你），那麼你也沒資格得到「懂你的人」。

我想可能是你韓劇看太多了，擇偶標準或愛情觀，的確高了一些，理想化了點，所以你被剩下了。你要找個「懂你的人」，比要求家財萬貫或者英俊瀟灑，更難。錢可以賺，外形可以透過打扮甚至整形，但是要「懂一個人」，如果不是「神」，誰又能做到。或許你在現實生活中真的有看所謂「懂對方的人」，但通常這樣的人，以伴侶來說，都是經過陪伴、不斷地磨合以及雙方彼

此學習成長，長期培養出來的默契，這是修來的，不是與生俱來、天上掉下來的。與其「找」一個懂你的人，不如「養」一個懂你的人，也就是先找一個人，慢慢磨合成一個懂你的人，這才是可行的「實際方法」，而不是「天上機緣」。

這也是現在許多人被「剩」下的原因，大家都想找一個現成品，而不願意去買個半成品或二手貨。不管是成品、半成品還是二手貨，如果有一點瑕疵或問題，馬上想換新品，不能換就退貨，不退貨只好將就著用。但是，人不是商品，沒有所謂完美無缺。第一眼看上對方的時候，就像看見剛上市的手機，看起來很完美，功能很炫，但是買回去用一段時間之後，才發現一些缺點（比如非常耗電），要不接受，要不換手機。換手機容易，再買就好了，但是換人談何容易，換人不容易，要受很多苦，所以一開始就想要找到最好的，找不到就不斷地「找」下去。

Anna，請了解一個事實，幸福是「經營」出來的，能經營出幸福的人是「修煉」來的，沒有人是放在那裡被你「找」出來的。所以奉勸你，與其抱著挖到金礦的渺小希望，不如實實在在上班賺錢。你的問題不在「找不到」，而是世界上根本沒有完美的對象。

其實，越是被剩下來的人，越是自我意識堅強，容忍度小，常認為自己是對的。或許有人不同意這句話，但是如果這句話是錯

的，那麼多優秀的男男女女被剩下來是毫無道理的。所以與其花時間精力去找懂得愛的人，不如把時間精力花在自己身上，讓自己成為容忍度高、能接受對方缺點的人。試想，「找」對自己有什麼好處？「找」只會耗時間與精力，不會帶來任何好處，除非真的找到好對象，那之前的努力都值得了，但是萬一找不到不就白費了，或找到錯的人，那還不如找不到。如果不遇見一個人跟他一起相處，又如何在單身的狀況「修煉」接受對方缺點的容忍度？

你還是可以找對象，只是你不以「找一個懂我的人」為出發點，你可以找一個擁有你喜歡的優點的人，比如，幽默、孝順、誠實等，試著交往看看。最重要的是，不要求對方變成自己心中完美的樣子，而是學習如何去經營一段感情。你只要觀察周圍的人就會發現，幾乎沒有人在學習這樣的東西，情侶一起學的更少，大部分的男男女女都活在感情的水深火熱之中，深受痛苦卻無力改善，也無法自拔。

你不是要找「懂你」的人，而是要找「懂得處理問題」的人，因為「有愛」是不需要處理的，「問題」才需要處理。同時，自己也必須具備面對與處理問題的能力，即使你找到一個非常「懂」你的人，也可能會發生放假你想出去走走而他只想窩在家裡的衝突，這時你怎麼面對與處理，就會直接影響你們的關係。你該不會說，「如果他懂我，他就應該知道我想出去走走，所以他就應

該陪我出去走走！」那麼，你就太自私了，為什麼不是你懂他，陪他待在家裡？你只不過用「懂我」一詞，行「自私」之利。所以，Anna，從此放下找個懂我的人，好好找個好的兩性溝通之道、經營好婚姻的辦法，才是你最正確的方向。

夏東豪

別為失戀，否定自己

> 好的戀情需要經營，結束的感情一定存在問題，如果不能看見問題，加以改善，那麼，即使進入下一段感情，可能也會發現同樣的問題。

夏博士，我最近好煩，男朋友劈腿找了個漂亮的妹，他說我長得太普通。是的，我承認自己長相普通（我160cm，55kg）。我目前最大的夢想是去整成美女，讓那些看不起我的人刮目相看。

我的一個同事Lily，比我大十歲。五年前她得了一場重病，痊癒後蒼老了很多。她老公是公司副總，病癒後她都不敢陪她老公參加會議了。前些日子，她請了長假，再次見到她時，發現她不僅染了頭髮，皺紋也沒了，皮膚恢復白皙，人也變苗條了，整個人煥然一新。恢復青春的她再也不避諱參加公司的派對，從大家讚許的眼神裡她又找回了自信，真是令人羨慕啊！

夏博士，我不怕你笑，我現在的人生目標就是當美女。哪個女人不想被關注？可是，我的長得太普通了，根本沒有做美女的資格。所

以，我只能整型，抽脂、隆鼻、豐胸、割雙眼皮，我都想做。

我也問過，做抽脂手術對身體傷害很大。用朋友的話來說就是為了瘦代價太大了。我不怕傷害身體，我覺得再大的代價都不敵水蛇腰，我若不完美就得不到男人的青睞，一想到這裡我就覺得自卑，覺得活得很壓抑。

姊妹勸我要想清楚呀。「你整型又能怎樣？你還是你，關鍵是心態，你要冷靜點。」想想她說得也有道理，雖然外表有時可以解決很多問題，可是，我終究是我，人總是會老的，那時外表也毫無說服力。如果將來男朋友是因為我的外表而喜歡我，那他遇到更漂亮的女孩子，會不會移情別戀呢？

夏博士，你覺得我要整型嗎？

Vivi

親愛的Vivi：
心理學研究發現，當你問一個人問題時，通常第一個回答你的都不是真正的答案。你要先搞清楚一件事，你的男朋友跟你分手，真的是因為你長得很普通嗎？或許跟你男朋友的新歡相比，她的確比你漂亮，你的長相的確比較普通，但是普通又有什麼問題？

如果長得普通就要去整型，那麼長得醜的人豈不是要自殺？

很多人認為，想整型的人，心理一定有問題。我只能說，從心理學的角度來說，的確如此，但是並不代表心理不健康。即使是成功人士，也可能因為自卑（不想被別人瞧不起）、憎恨（想證明給某人看）、自私（為了賺錢，不顧他人死活）等理由，而最終走向成功。所以我們要關注的問題不是整型者心理健不健康，而是整型是不是唯一或最有效的方法。在整型之前，如果有一些嚴重的心理問題的話，的確應該先處理，但是心理學也注重「有效果比有道理重要」。

舉例來說，因為不會騎腳踏車而被同學嘲笑、導致自卑而厭學的國中生，最正確的方法，是開導他不要自卑，即使不會騎腳踏車也不會影響他的生活，但是數人開導無效之後，最有效的方法，就是教他學會騎腳踏車。

所以我建議想整型的人應該先評估自己的心理狀況，看看是否能從心理上得到幫助再做決定，但通常一定有人堅持想法，不會主動求助於人，所以工作就落在整型醫生身上，由他們來評估想整型的人是否需要心理幫助。唯一的隱憂就是，只要你願意花錢，整型醫生也會「尊重」你的權利，同意這是你的「自由」，而不去管你心理是否有問題，反正出錢是大爺，他們也能賺錢。

如果你真的因為「長得太普通」而想要整型，那麼你應該早就整型了。很明顯，你是因為受到打擊才萌發整型的念頭，所以整型的原因不是「長得太普通」，而是「被心愛的人拋棄覺得痛苦」，想透過整型來撫平傷口。

如果為了變漂亮，那不可否認，整型只要不失敗，的確可以變漂亮，但是你不是因為長得普通，而是心靈受創想要撫平傷口才去整型。我可以告訴你，這是錯誤的抉擇，如果整型後獲得男朋友的肯定，找他復合他還是拒絕你，那你一定會受不了，你會受到「二次創傷」，而且這次的創傷會比沒整型還大，難道你要再換個身體不成？如果他真的覺得你變漂亮而跟你復合了，你們一定會結婚並永遠幸福快樂嗎？根據你「因為受傷就去整型」的感情情商，我可以很確定地告訴你，即使你們在一起，最終還是會出問題。如果最後導致分手，那麼到頭來白忙一場又是為了什麼？如果他為了外表跟你在一起，以後遇見更漂亮的妹會不會移情別戀？如果他找的人長得不如你整型後的容貌，那你不是更嘔？

如果你說，整型是為了自己總可以吧！很明顯，大家都看得出來你是為了撫平傷口去整型，而不是從內在去解決問題，以後你在人生的道路上將會遇到更多的挫折。今天你還可以整型去迎合對方，但是有人嫌你「不夠高」怎麼辦？去增高？萬一是嫌你家庭背景不夠好，難不成換父母？

被人抛棄的確很痛苦，請你正視這個痛苦，不去想男友說了什麼。你可以痛苦一場，然後對著鏡子跟自己說：「Vivi，我知道你很傷痛，就讓它痛吧！（想去掉痛苦會造成更大的痛苦，因為去不掉。）你放心，他不要你，還有很多人喜歡你，你要好好地過下去！」在允許自己傷痛的前提下，同時說些安慰鼓勵的話，要堅信自己一定會越來越好。你也可以找個愛你的人，比如媽媽的肩膀靠一下（找人依靠會比獨自哭泣來得更具有安慰的效果），不要覺得傷心不應該影響到母親，這是錯誤的想法，因為此時的你更需要愛你的人給你安慰，很好的朋友也行。

巴哥犬需要整型嗎？不需要，因為牠就是長成這樣才受歡迎。你需要的不是「整型」，而是「整心」，請你照顧你的心，而不是你的長相，是你的心需要療癒，你的心需要來自你自己的安慰、你的愛。你要學習好好愛自己。最重要的是，要看清分手真正的原因。好的戀情需要好好的經營，我相信你跟你男友之間一定存在問題，如果你不能看見問題，並且加以改善，即使你進入下一段感情，也可能會出現同樣的問題。

在傷痛過後，一定要好好想想上一段戀情失敗的地方，別急著數落對方的不是，想想自己做得不對地方，即使真的對方不對，也要想想如何溝通。婚姻是要學習經營的，要好好學習如何面對並處理各種可能出現的問題。

整型是一時衝動，請先往整心與學習的方向走，並且堅持個半年，相信到時的你一定可以重拾自信心。以後在沒有創傷，純粹對美的一種追求，在心理健康的狀態下，你想要整型也無妨！

夏東豪

「吃醋」＝不正常？

> 記憶是用來儲存資料，但是腦袋卻喜歡加工，整天在記憶裡游泳，於是人有了痛苦。記憶的資料是真的，但是大腦會讓你認為你是因為這些資料而痛苦。

夏博士，我的男朋友Eric經常逼問我：「快說，你和他還做過什麼事？」我快崩潰了。我很後悔告訴他我和前男友Gordon的事。

原本以為我和Eric可以互相信任，毫無隱瞞，想不到，我把事情想得太簡單了。去年年底，Eric問我過去的情史，我就很坦然地跟他講了我和前男友Gordon的事，甚至怎麼認識、牽手、剛開始他對我多好、後來有爭吵分手都講了。他當時聽完沒什麼反應，只說他會好好對我，要我以後什麼事都聽他的。我是他的初戀，他卻是我的第二任男朋友，我懷著內疚感，答應了他的要求。

誰曉得，這是噩夢的開始……

想不到，從此以後，Eric就不斷地追問我，還跟誰交往過，還有什

麼不可告人的事情沒有跟他說。剛開始，我覺得他是因為愛我才那麼緊張，所以我還能耐著性子解釋給他聽。可是時間久了，我就覺得很煩，拒絕回答，這時他就會發脾氣，摔東西。有一次他大聲地吼我：「其實我很在乎，心裡總放不下，覺得很彆扭。你知道嗎？我現在都不敢路過你前男友的公司，滿腦子都是你們的事情，尤其是我們做愛的時候，我就會想起你們發生過性行為；有時候一些很小的事情也會讓我想起，看到床單、看到男孩載著女孩。我真希望，有人能幫我移除記憶，我寧願你沒有告訴我你們的事情，我不要那段痛苦的記憶！」

聽完他說的話，我無言了，我能說什麼？現在任何解釋都沒有用。夏博士，這就是所謂吃醋或嫉妒嗎？還是說他有「處女情結」呢？我以為只要我們的感情好，他不會計較我的過去呢？我不明白他為什麼看得這麼重？

本來他只是對我前男友吃醋，但是後來連跟一般男性朋友互動他也吃醋。慢慢地，我因為怕麻煩，我和所有的男性朋友都疏遠了。但是，每次只要一發生爭執，Eric就會拿這件來羞辱我，我很痛苦，真的很痛苦。有一次，我很生氣地反駁他：「要不我們分手，你去多交幾個女朋友，然後你再回來找我，這樣我們就扯平了！」他說他做不到，還口口聲聲說一輩子只愛我一個，我崩潰了。

夏博士，我不是沒想過要分手，但他死也不肯。唉，其實我還是愛

他的，如果那天我沒有告訴他我之前的事，或許現在的我們會過得很開心吧，但是現在這樣的情況對我來說是一種折磨，我快窒息了。請幫幫我吧，夏博士。

Carina

❖

親愛的Carina：

人的情緒有很多種，但是人的基本情緒只有四種：悲傷、憤怒、恐懼、快樂，而其他的情緒，例如焦慮、吃醋、嫉妒、委屈、內疚、憎恨等，都是從這四種基本原生情緒裡組合、延伸出來的。

對情緒本身而言，它是沒有對錯的，情緒就只是情緒，情緒是中立的，甚至對當事人而言，情緒都是好的、有價值的，例如悲傷的情緒可以讓一個人的傷心感受釋放出來；憤怒的情緒除了可以釋放感受之外，還可以帶給人更多的能量去抵抗或消除憤怒；恐懼的情緒可以讓人遠離危險；快樂的情緒能讓激動興奮的能量展示出來，假如你不准一個考上明星大學、升官發財、喜獲麟子的人開心，他也會渾身不舒服。

人為什麼會有情緒呢？最主要還是來自個人的觀念與態度，也就是人思想上的問題，因為思想和外界的刺激，有了交互作用，結果產生了情緒。或許有人會說，「不對啊！看見老虎會怕，這是

天生的，跟思想有什麼關係？」當然有，看見老虎會怕也是思想告訴你老虎會有危險。所謂「初生之犢不畏虎」，嬰兒看見老虎不會怕，是因為他不知道老虎有危險。因為先有了想法，才造成人的情緒，但是有了情緒並不是問題，問題是有了情緒以後，接下來的行為就不中立，一切的行為必然產生一個相對應的後果，而這個後果不是對當事人有利就是有弊。依情緒不同而有不同的行為，不同的行為又會造成不同的人的情緒……於是一直循環不息、產生連鎖反應。

有了情緒以後會有怎樣的行為呢？這跟個人的思想有關，也就是人的觀念和態度，包括價值觀、道德觀、自我期許、對人的看法、正義感、寬容、不怕苦不怕難、恐懼感等綜合起來的因素，促使他這樣做。所以面對同樣的事情，不是每個人都有同樣的情緒，而有同樣情緒的人，也不一定會有同樣的行為與處理方式。

Carina，你男友聽到你和前男友的種種事情，會生氣、難過，這的確是一種吃醋的表現，但不是嫉妒。嫉妒簡單來說，是一種「比較」之下的產物，在此之前，男友和你並不處於比較的狀態，如果真要算嫉妒，他嫉妒的對象也不該是你的前男友。如果是處女情緒，他的糾結點會在你不是處女，而不會去管你和前男友曾經如何親密。

人之所以有情緒，一定是來自於他的觀念或態度，而你男友對你

的態度是一種占有欲，這不是意識層面的東西，他自己都不知道，當然也不會告訴你「我想占有你，我不允許你與其他的異性有任何的接觸」。因為這是潛意識，他的潛意識對你有占有的欲望，所以當他聽到你和其他男人在一起，哪怕前男友已經是過去式了，他都會覺得有危機，吃醋，甚至不安全感、被背叛，所以他憤怒了，他要保護他的「所有物」。這是發生在潛意識的事情，在意識上呈現的是一種吃醋的表現。

吃醋對很多女生來說是一種情趣，甚至認為男友吃醋反而是件好事，那是男友在乎她、愛她的表現，她不但不生氣，還甜滋滋的。但是你男友這樣激動的情緒與行為，沒有帶來任何甜蜜感，只會造成痛苦。

如何面對與改變你男友呢？

首先，不要跟他敵對，不要跟他說他有問題（雖然他真的有問題），要體諒他、安慰他。要改變他最主要是你的反應，雖然他的態度不對，受傷的他需要安慰，不是被否定。

其次，盡量醜化前男友。或許你會說「來不及了，都已經說了」，但是你還是可以試著說：「我不想說別人壞話，其實我前男友很過分……」這並不完全是說謊，我相信你跟前男友一定發生過痛苦的事情，否則你們不會分手。可以提一些不好的回

憶，如「想到和他吃飯就有氣，最後一次吃飯的時候，還跟他吵架……」（雖然你們可能吃飯吵架沒幾次），最好都不要提前男友，反正不要提好事，沒事不要挖坑跳，要提就提壞的。

Carina，不要以為你沒跟他說以前的事，你們就會過得很快樂，既然他有這樣的問題，今天你沒說以前的事，以後一定也會在其他事情上出問題，因為他本身是有問題的，最好他自己能意識到並且尋求幫助，否則要解決問題，不代表你要一味地讓他。如果你用理解、寬容的方式也無法改變他的時候，那麼你就必須拿出堅定的意志來處理，既然是他的問題，他有責任去解決，而不是你來解決。而且你也解決不了，就像一個過度肥胖的高血壓患者，只有改變不良的飲食習慣才有用，僅僅是你改變又有什麼用呢？你可以溫和地告訴他，請他改變心態，在這之前你們不要見面，但可以通電話，如果他說他好了，你也可以從他的語氣判斷是否是真的，甚至可以說前男友的事情測試他。如果他還是改不了，那就看你的決定了，你可以選擇離開，或養成從痛苦忍受到麻木不仁。

夏東豪

不愛了，卻還分不了手？

> 當我們覺得被傷害時，其實是對方觸碰了我們的童年創傷，但是我們拚命怪罪對方，防禦和掩蓋內在深層的傷痛，以至於雙方的創傷越走越深。

夏博士，我和Sarah是兩年前網路遊戲認識的。剛開始相處的第一年，雖然我們經常爭吵，但爭吵後只要我主動認錯總是很快合好。第二年，我工作升職，業務繁忙，經常出差或加班，她就覺得我的關心比以前少。我工作很辛苦，回到家她一點都不體諒我，經常懷疑我，還讓我發過無數次毒誓，說如果我外遇就遭天打雷劈、不得好死。你說這女人毒不毒？

漸漸地，我發現我對Sarah的容忍度越來越低了。剛開始我還因為自己陪伴她的時間少而內疚，就讓她退掉租屋，搬過來跟我同居。原本以為這樣可以增加兩人在一起的甜蜜時光，天知道這是個錯誤的決定，她搬過來之後開始亂翻我的東西，還一天到晚像審問犯人一樣責怪我。她的蠻橫不講理讓我火冒三丈。於是，我提了分手。我覺得我已經仁至義盡了，我還特意為她找好房子、付了一年的房

租，讓她搬出去住，但是她死也不肯。她先是以眼淚相逼，後來是絕食……我怎麼會招惹上這種女人？

昨天公司開年度會議，我作為亞洲區總代理經理要在會議上發言。發言前兩分鐘，Sarah打電話給我，說如果我不立刻回家，她就從十九樓跳下去。天哪，我當時真是急死了！只能跟總裁說家裡臨時有急事，取消發言。我飛車到家，發現她正悠閒地坐在沙發上看韓劇。我怒不可遏，大聲對她說：「你怎麼可以這樣？把我的工作當兒戲嗎？我要分手！現在立刻分手！」她一聽立刻去廚房拿水果刀割手腕，最後我Call她姊妹過來才勸住她。我快要被她弄瘋了。

我驅車回公司，會議已經接近尾聲。雖然總裁沒說什麼，但我感到很不安，深怕這件事給總裁留下不好的印象。唉……

夏博士，你說她會不會昨天鬧跳樓，今天來公司潑硫酸，明天去我老家潑婦罵街？一想到這些，我就害怕。她是不是心理變態啊？為什麼別人都能和平分手，而我卻要經歷如此糾纏的女人？我怎麼做才能擺脫她呢？我現在對她真的是一點感情都沒有了。分手是一定的，但要怎麼分呢？有時我想，我這輩子都不敢再交女朋友了。

Hugo

親愛的Hugo：

我們每個人從小到大都經歷過很多事情，好的事情對我們來說是歡喜的，是美好的回憶，但是不好的事情，就會帶給我們很多壓力、情緒和痛苦，而這些不好的事情，絕大部分都來自父母，也有一部分是來自於其他經驗，但是我們不見得每次都能把這些壓力、痛苦發洩出去，或好好地撫平，更多的時候，我們積壓在心裡，然後繼續過生活。在以後的日子裡，會將這些壓抑透過任何渠道釋放出去，比如唱歌、跳舞、打電動、看電影、逛街、旅遊等，接下來的生活雖然會受傷，但是也有溫暖，所以我們也會被愛、正面的能量撫平。

在成長的過程，我們都會改變，而心理成長的過程也會讓我們看開很多東西，放下仇恨，改變思想與看法。所以大部分的人都能健康地成長，甚至過去很「淒慘」的人，最後也能獲得成功，過著幸福的生活。但是有些人就沒那麼幸運，他們因為這些「遭遇」，不斷地埋怨，結果脾氣也不好，思想變得很負面，導致生活過得一團糟，從來沒幸福過，甚至一直過著痛苦的生活。有些人沒有好好地宣洩壓抑在心裡的情緒，自身也沒有透過心理成長去撫平這些傷痛，於是就這樣一直壓抑著，直到情人出現，只要情人惹到他了，他就把過去的氣全部發洩在情人身上。

為什麼你的女友對別人不會這樣，但是對你會如此呢？畢竟她也是正常人（我知道，對你來說，她已經不是正常人了），她知道

不可以對別人如此，也不敢對別人如此。但是對你就不一樣了，因為你是「情人」，你必須愛她，問題就在「愛」上面。我相信你的女友，過去一定遭遇過許多創傷，所以在她的潛意識裡，她有很多準則是不允許某些行為發生在情人身上的，一旦情人有這樣的行為，等於她再次經歷同樣的痛苦。為了確保情人不會有這些令她痛苦的行為發生，她會衍生很多輔助的準則，要求情人必須遵守。一旦你觸碰這些準則的時候（對她來說就是你犯了一些錯誤），她就會非常痛苦，而為了逃避痛苦，她就會非常憤怒，這個時候她會連帶過去壓抑的憤怒，一起發洩出來。為什麼她可以這樣做？因為「愛」給了她理由，因為你是她的情人，就要好好愛她（用她的方式愛她），如果你做錯了，你就是在傷害她，你就是可惡至極的人，她要對你發脾氣，甚至要懲罰你。（傷害愛你的人的確可惡，就像一個沒事打太太的男人，是人神共憤的。你的問題是這個「傷害的行為」是由她來判定。）

說到這裡或許能解答你的疑惑，但是我知道你還是受不了。你要了解她這樣的行為已經跟你無關，這是她自己的問題，所以你不要討厭她，甚至憎恨她，否則你幫不了她，也無法達成自己的願望。最好的方法是帶她去看心理諮詢，解決她過去的傷口，但通常她是不願意去的，所以你的溝通技巧就變得很重要了。你不要抱著「你有病」的心態跟她溝通，心態不對，說出來的話再怎麼偽裝都不會成功，所以你的心裡想的應該是「我想幫助我們兩個離開這種困境」，才有可能成功。說話的內容應該把焦點放在

「我們」，而不是「你」，是「希望我們好」，而不是以分手為目的。

如果上述辦法不成功，你能做的事，就是改變自己的態度。作戰被俘怎麼辦？只有認了，心才會平靜。拿出堅定的勇氣、決心，還有愛，去面對她。如果你認為她有病，那就請你把她當病人，而不是敵人、瘟神。她每一次的極端行為，除了發洩憤怒，也是需要愛的表現，但是你想逃都來不及了，又怎能面對她。就算你可以面對她，但是她的態度卻無法讓你靠近，更不用說用愛來對待了。就算是普通人也做不到，所以普通人早就分手了。而你越是想逃，她越是感受不到愛，她就越憤怒，她的憤怒像火燒，她需要的是像水一樣的愛，但是你不但不澆水，還潑汽油，她心中這把火當然越燒越旺。或許你會覺得她這樣對你很不公平，或者認為自己怎麼這麼倒霉，但是現在不是抱怨就可以解決問題的，要解決問題就要放下這種心態，真的「用心」想解決問題才行。

首先你要做的是，下定決心花一段時間，可能是三個月、半年，甚至一年，好好對待她，不是說你要完全忍她，你還是可以有情緒，但是你最大的功課是事後立刻安撫，給她愛的感覺，就像父母再怎麼跟孩子吵架也不會跟孩子分手，這樣她就會慢慢變好。我知道，你的疑惑是，「如果我對她那麼好，但是最終還是離開，那她不是更抓狂？不，你錯了，你還以為她和之前一樣，那

你就錯了，既然她會「變好」，變得像正常人一樣面對事情，就
能接受你的離開，接下來就看你的功夫了。

夏東豪

遠距離戀愛，該怪誰？

> 遠距離戀愛一開始會面臨的問題不是距離，不是寂寞，而是信任。如果彼此信任，即使天南地北，也無法撼動彼此的愛情。

夏博士，今天早上上班時，看見鄰居Lingling的男友出現在樓下，為她準備熱騰騰的蛋餅。我不禁想像，每個陽光燦爛的週末，他們牽著手一起逛街，為彼此精心挑選衣服或禮物；每個晚上，他們都會在樓下依依惜別，男友會為她裹好圍巾……他們可以感受到彼此的心跳和呼吸，不用任何言語，用眼神表達愛意就足夠。他們可以哭可以鬧，可以肆無忌憚地撒嬌，可以在對方生氣不接電話的時候，捧著玫瑰、禮物守候在樓下。他們可以做的事情很多很多，多到自己都沒有發現。但有些情侶卻無法這麼做，比如我和Benson。

我和Benson是玩微博認識的。剛開始他主動關注我的微博，還經常上來留言，一回生二回熟我們就開始通訊了。後來彼此發現共同點很多，有種相見恨晚的感覺，於是很快就在一起了。熱戀時我總覺得距離不是問題，隨著時間的流逝，他在廣州，而我在上海，遠距離戀愛的缺點逐漸暴露了出來。

我們不能像住在同一個城市的情侶那樣甜蜜地陪對方逛街，送對方禮物也只能用寄的；我希望我難過的時候他能給我一個溫暖的擁抱，而事實上他只能傳沒有溫度的簡訊安慰我；在我無助的時候他不能陪我一起面對困難，只能透過電話聽我的哭泣聲；我生病時，只能孤獨地躺在冰冷的床上，獨自去醫院掛號；吵架時，受傷的總是兩個人，解釋不清，釋懷不了。我總是形影孤單，看到戀人成雙成對，自己心裡一陣難過，最多只能傳簡訊或打電話，告訴他，我想你……

我們最浪漫的事情莫過於三個月見一次面，離別時的痛苦遠遠大於見面時的欣喜。

我周圍許許多多的遠距離戀愛，有幾天結束的，有幾個月厭倦的，有幾年分手的，卻很少有像我們這樣還在堅持。

夏博士，我不是沒想過到他住的城市工作，但父母不允許，我是家中的獨女，習慣了上海的生活，不知到了南方是否會適應。他在廣州已有很好的事業基礎，如果讓他放棄那邊的事業來上海從零開始，我也於心不忍。每次我一提到想結束兩地分居的生活，他就支支吾吾，要我再給他一點時間，他一定會讓我們一起生活；但我問他什麼時候，他就不高興了，說我在逼他。最後兩人往往鬧得不歡而散。

前些日子上映的《雙城生活》裡面提到一句話，「每個人心中，都有你的『雙城』，是愛情，或者事業，或者家庭，或者什麼也不是……只是從此岸到彼岸的路途。」我的雙城沒有男女主角那麼幸運，雖然他們歷經磨難，但最終能夠幸福地生活在一起，而我和Benson只能兩地疲憊奔波，漸漸磨掉了浪漫與激情，也磨掉了信任，最近他對我漸漸冷淡，我懷疑他是不是出軌了，但他說我這樣不相信他沒出軌都會被逼出軌。

夏博士，我們的愛情還有得救嗎？雙城的疲憊生活，何時是盡頭？

Ellie

親愛的Ellie：
雖然「遠距離戀愛」，就字面而言是指在不同城市生活的情侶或夫妻，但是背後形成的原因、生活的心態、彼此連接的強度等，有太多因素需要考量及探索，不是一般人想得那麼簡單。

首先要討論的是，「遠距離戀愛」的身分問題。如果像你們一樣是「情侶」，「遠距離戀愛」首先會遇到的問題不是距離、不是寂寞，而是信任。如果彼此信任，即使兩人天南地北，也無法撼動你們的愛情，相反地，因為分離，反而對彼此更加思念，彼此的愛意有增無減，每次見面如同乾柴烈火，巴不得在一起的時

間再多一點，分別時也總是依依不捨。但是當彼此開始有了一絲懷疑、不信任，那麼「遠距離戀愛」就如同夢魘，總懷疑對方會做對不起自己的事。輕者只是擔心、日子過得不安穩，不會批評指責對方。重者會開始監督對方、控制對方，最後導致分手。有些人會認為不信任就是因為距離遠，這是個灰色地帶，跟距離無關。但是大腦通常會給自己一個合理化的理由，認為跟距離有關，事實上不信任是自內心對對方的不信任，即使住在同一個城市，甚至同居，也會發生不信任的問題，如果問他們為什麼不信任對方，他一定會給你一個理由，不會無緣無故懷疑別人。不過你們沒有這個問題，你們並沒有信任危機，所以「遠距離戀愛」對你們來說並不是大問題，你們還在熱戀期。但是你們對未來開始有打算，甚至論及婚嫁的時候，問題就會出現了。你們的問題不是「如何面對遠距離戀愛」，而是「誰願意離開自己的生活圈到對方的城市去生活」。

我們先要區分婚前就開始「遠距離戀愛」和婚後才開始「遠距離生活」有什麼不同。其實「遠距離戀愛」的伴侶到處可見，尤其是夫妻。在現代社會，很多人必須到大城市工作，他們遠離情人與孩子，為了家庭的生計拚搏，與家人過著雙城生活，相聚的時間極少，很多人都是利用春節長假，一年才回家團聚個一到兩次，但是他們還是很相愛，親情將他們緊緊地聯繫在一起。這就是所謂婚後才有的雙城生活的特質，有婚姻在先，將他們彼此成為一體，他們不再是情人，他們是一家人，他們不願分離，如果

生活所迫而導致分開，他們不會怨恨對方，只會感嘆生活的無奈，只會加重思念。

如果雙方的生活無憂，不必為了生存非得待在自己的城市，那麼這種雙城生活才會備受考驗，沒有強大的愛或足夠的理由（為了生存），那麼起爭執的時候，就會很容易認為是距離問題，而看不見自身和對方的問題。住在一起的夫妻會起爭執，分開住的也會起爭執，但是住在一起就算起爭執，第二天、第三天都還有機會化解，可是分隔兩地，就很少有機會化解，很容易把分隔兩地當作罪魁禍首，如果這樣行不通，就分手，他們以為要是住在一起就不會有問題了，那真是一廂情願的天真想法。

回到你們的問題。你們婚前就分居兩地，現在要論及婚嫁了，所以你們首要的問題是「誰願意離開自己的城市到對方的城市生活」。你們還沒結婚，這跟婚後才展開雙城生活的情形完全不一樣，婚後才發展雙城生活的夫妻，他們已經有一個家，他們的朋友也在這裡。雖然你們談戀愛很幸福，但是畢竟是各自獨立的個體，如果要一起住，勢必有一方要放棄原來的生活、環境、認識的人，這就變成「誰比較愛誰」的戰爭了。但事實上這不是誰比較愛誰的問題，因為你們根本還沒有共同體的感覺，所以各自為了自己的人生著想也是天經地義的事情。所以你現在的問題不是「遠距離戀愛怎麼談」，而是「你願不願意為對方放棄自己的工作與生活環境」。

別急，對方也應該問自己這個問題。如果你們其中一方願意放棄，願意放棄的一方就過去和另一方生活，如果雙方都不願意，你也沒有資格去說對方，因為你做了和對方相同的決定。問題是，你願不願意。如果願意，那麼再來討論如何過生活；如果不願意，那麼，或許分手對彼此都是一個更好的選擇。

關於「我願不願意遠距離戀愛」，這是要非常認真回答的問題，不可以有勉強或者犧牲，否則未來還是會出問題的。或許你真的願意，但問題是你承受得起嗎？你有可能為了愛忍受這種生活，就像有人為了錢願意去做某些工作，但是不代表他就一定承受得起、做得來。現在你唯一要做的，就是下定決心，如果你真的願意，那麼遠距離戀愛就不是大問題。遠距離戀愛的確有很多挑戰，你要有願賭服輸的心態，心甘情願面對它帶來的問題！

夏東豪

別用自以為是的方式愛對方

> 當你抱著「希望你幸福」的心，即使最終他沒有選擇你，你也不會太痛苦。

夏博士，半年前一次全身體檢，檢查出肺積水。我當時很震驚，也很沮喪。我不知道怎麼會得這種病，頻繁的咳嗽與胸痛讓我變得很悲觀。我沒有把檢查結果告訴女友Eva，只有跟家裡的人說。那時我和Eva還是兩地分居，我本打算努力工作，等經濟能力好一點，就去她住的城市工作，給她一個驚喜，想不到這突如其來的病變，讓我的工作熱情漸漸冷卻。

和醫生經過討論終於決定動手術，手術失敗率是百分之五十。我怕Eva知道了會擔心，為了不讓她看到我懦弱的一面，也不想將來拖累她，於是我開始冷落她。每當她打電話，我總騙她我在外面玩，還故意讓她聽到很多女孩子的笑聲，讓她難過。她開始追問我最近怎麼了，而我的回應也總是惡言相向。最後一次通電話的時候，我請我的表妹假扮我的新女友，告訴她不要再打過來了。Eva最後接受了我「變心」的事實，同意分手。

我懷著萬分的「內疚」動了手術。慶幸的是，手術後，在媽媽的悉心照料下，我恢復得很快。半年後，我沒主動聯繫過Eva一次，但我對她的思念，猶如潮水，在每一個寧靜的夜晚裡湧動。每晚快要入睡的時候，也是我一天中最恍惚、最脆弱的時候。那一刻我好想有Eva的陪伴，我不敢奢求，只要能聽著電話那邊她輕輕的呼吸聲，我就覺得很幸福。

雖然醫生叮囑我近期不要亂動以免傷口裂開，但上個星期，我還是鼓氣勇氣買了機票飛去看她，本想給她一個驚喜，但卻是她給了我一個驚訝。當我敲開她房門的那一刻，看見的是房裡站著一個陌生男子。我很失望，同時也覺得自己很窩囊。但我還是告訴她真相，表示自己仍希望和她在一起。她說她需要時間考慮。我突然感覺到她不再像以前那樣在乎我，我帶著失落的心情回家。

現在，我和Eva的聯繫還算頻繁，但是她和我總是保持距離，很多次我忍不住想要更主動些，但是我又怕這樣的行為會嚇到她，反而讓她逃離。我不知她考慮得怎麼樣，更不敢逼她立刻做決定，或許她也在糾結當中，但是我每天活得好痛苦，我是多麼地後悔沒告訴她真相。後來她告訴我，如果一開始就告訴她真相，也不會走到這一步。這一切都怪我！唉，夏博士，我該怎麼辦呢？

Paul

親愛的Paul：

聽了你的故事，我能理解你的做法。你因為愛她，所以不願傷害她，雖然手術還是有成功的可能，但是你不願意讓對方受到一絲傷害，寧願跟她分手，也不願讓她來面對這場賭局。你的想法是無可厚非的，也可以說是正確的，但是你忘了一件最重要的事，那就是她的想法。你在下一個跟別人有切身關係的決定的時候，怎麼可以不理會對方的想法呢？

將心比心，如果今天是你的女友需要做手術，而且是危及性命的手術，你會希望她用分手的方式來欺騙你，還是你想陪在她身邊？如果你真心愛她，即使手術有危險，相信你會不離不棄。如果你能做到，那你又怎知你的女友不會想這樣做呢？

突如其然的分手對她而言絕對是傷害，你怎麼可以傷害一個沒做錯事又深愛著你的人呢？或許你會說，「我知道這樣會傷害她，但是可以讓她避免承受更大的傷害啊！」那麼你又錯了。

如果讓她陪你動手術，手術不幸失敗，雖然對她是很大的打擊，但是在「生死」之下，人還是會逼自己接受，她終究會從「情人逝去」中走出來，以後還是會開始另一段感情，過好的生活。但你這樣的分手不僅深深地傷害了她，造成她的心理陰影，她可能無法再相信愛情（無緣無故地被拋棄，有時比被背叛傷得更重）。即使擁有了下一段感情也無法全心全意地投入，久了可能

會造成不好的影響。如果手術失敗你走了，她最終也會知道，她會了解雖然分手了但其實你還是愛她的，她會悔恨不已，這件事只會造成更大的創傷。雖然事情已經過去，但是你沒有過去，你的想法也沒過去，你還是必須了解正確的做法，這件事才算過去。

現在，你回去找她，你又犯了「不管對方，只管自己」的錯誤。如果你真心愛她，你是不是應該先打聽一下她現在過得如何？也有可能你把她搶回來以後，你們還是很好，問題是你有沒有替她想過，如果你是為了愛把她搶回來，那沒問題，如果你是為了自己，這就叫自私，就不是愛了。就算你把她搶回來你們很幸福，但並不代表她和對方在一起就不幸福。如果她結婚了呢？你這樣突然出現不會打擾她原本平靜的心、破壞她原有的生活嗎？這也是你要解決的自身問題，請你務必扛起責任與痛苦，因為這是你自己造成的局面，可是你現在卻把這個困擾交給前女友去面對，這樣對嗎？你自己的責任為什麼要她去承受呢？

現在看你選擇重新做人還是慣犯。如果是重新做人，你一開始就應該打聽好，然後以朋友的身分交往，表面上你要裝出完全釋然的態度，像好朋友一樣對她好，要你忍住對她的情感、強顏歡笑會讓你很痛苦，可是你應該要把苦吞下去、自己承擔。如果在你這樣的態度之下，她還是對你餘情未了，那就是她自己要面對的功課了。或許她會重新選擇你，那你就不用裝了，如果她還是選

擇現任男友，那你就繼續裝下去。

如果你選擇慣犯，那就主動出擊解決問題。我知道乍聽之下跟之面說的矛盾，但這不一樣，之前說的是你要偽裝得很好，但是現在你已經讓她知道你的心意了，你們現在的情形就像卡住的齒輪，兩個都不動是不會有結果的。這種情況之下，你應該更主動追求（當然，如果她男友知道一定會不高興），但是是尊重式的追求，而不是緊迫盯人，這樣可能會帶給她壓力，但也是幫助她下決定的好方法。如果她禁不起你的追求，對你還心存情意，那麼你的追求其實是給她力量去拒絕另一段感情，否則即使她最愛的還是你，她也會動彈不得。

如今你的追求，引起她的逃避或反感而決定留在現任男友的身邊，那也未嘗不是件好事？就算她因此討厭你，那也很好啊，這樣她的心就可以屬於另外一方而不會有被撕裂的痛苦。不管你用什麼方法，都不如你擁有一顆「我希望妳幸福的心」，當你有了這樣的一顆心的時候，你自然就會知道該怎麼說、該怎麼做。不論結果如何，一定都是好結果，因為你是抱著「希望妳幸福」的心，也因為你有這樣的心，即使她最終沒有選擇你，你也不會太痛苦，或者說即使痛苦你也甘願，因為你的願望達成了。

夏東豪

男
閨蜜
bro
meo

婚前疫苗，你打了嗎？
PART 2

戀愛多久，才適合結婚？

戀愛多久才適合結婚？

精準的問法是，「至少要戀愛多久才可以結婚？」

最完整的問法是：「戀人要具備什麼條件才適合結婚？」

夏博士，我的表姐閃婚了，現在是閃婚的受害者。

他們是去年十月在朋友的聚會上認識的，第一次見面他們就很聊得來，相互交換了手機。一個星期不到，他們見了兩次面，很快就在一起了。速度這麼快也是他們沒有想到的。今年元旦他們閃婚了，從戀愛到結婚才兩個月，好快啊。但三月他們就離婚了。從認識到結婚，再到離婚，三個月就完成了。這可能是我見過最快結束的婚姻。

這就是所謂的「閃婚」、「閃離」嗎？大家都覺得他們之所以會「閃離」是因為彼此不了解，個性不合。

夏博士，我今年二十八歲，和男朋友在一起九個月了。男朋友最近

求婚，媽媽也催我快點把婚事訂下來，但我總覺得不能太急。其實，不是我不相信他，而是，表姐的離婚讓我對「閃婚」有了陰影，我害怕走上表姐的路。每當想到即將要和眼前的他結婚，我的耳邊就會響起表姐「閃離」後的埋怨。

有時，我覺得我還不是很了解我的男朋友。雖然我們在一起九個月了，但他很少帶我參加朋友的聚會，也很少介紹他的異性朋友給我認識。有時我們兩人在一起，他接到電話會快步走到陽台去講，好像害怕我聽到似的，我們也會因為一些很小的事情爭吵。我只去過他家一次，短暫的相處讓我不是很了解他的家人。我的心裡還有很多疑問，現在突然說要結婚，讓我很緊張、很焦慮，我覺得我還沒準備好，但是我和他交往也有一段時間了，不像我表姐只認識兩個月。我也想嫁給他，只是不想這麼快。

夏博士，我想知道，到底戀愛多久才適合結婚？

Blue

親愛的Blue：

戀愛多久才適合結婚？這個問題應該是問，「戀愛至少要多久才可以結婚？」完整的問句是：「戀人要具備什麼條件才適合結婚？」如果把「戀人要具備什麼條件才適合結婚」面試一對新

人，你會發現跟戀愛多久一點關係也沒有。如果你問一對交往不到三個月的情侶，是否完全了解對方是怎樣的人，通常答案應該是不太清楚，但是他們無所謂，因為他們愛彼此，所以一定會幸福。雖然我也衷心希望情侶只要有愛最終一定幸福，但試想，一對只交往三個月的情侶，顯然並不適合結婚，因為他們只看到彼此好的地方，現階段也正處於展現好的一面，還來不及看到彼此真實的生活面，所以應該繼續交往一段時間。那底線應該是多久？

一般來說最好是兩年，不到兩年也行，但是不要太短。剛開始的幾個月到半年，可以說是熱戀期，彼此都還在「偽裝」及「心胸寬大」階段，因為剛熱戀，彼此都急著展現最好的一面，並不完全是真實的自己，另一方面也因為沉溺於甜蜜，對很多事情都不太計較。可是一旦過了熱戀期，原本的個性就顯現出來，開始注重自己的感覺，於是接下來的一年就是開始了解真正的對方，以及衝突及磨合期。基本上兩年過後，除了一些刻意隱瞞事情，對彼此的優缺點應該已經心知肚明，如果說過了三年，因為受不了對方的缺點或個性不合而分手，都情有可原，但就沒有機會拿「被騙了」當藉口。

你的表姐與男友相戀兩個月結婚，開始還覺得很甜蜜，後來便開始爭吵，最後結婚一個月就分手，於是你表姐向你哭訴：「我不應該那麼早結婚！」你表姐只說對了一半。對的一半是她的確不

該這麼早婚,她都還來不及看到他另一面就結婚了,等發覺不適合的時候,就後悔結婚了。但是你表姐錯的一半,也是最重要的一半,是所有後悔的人所犯的錯:她完全看不到自己的過錯。簡單認為自己錯在太早結婚,真是好天真,如果你表姐今天花了一年的時間努力改變婚姻還是失敗,還情有可原,但是你表姐在這麼短的時間閃離,可見她並沒有努力挽回婚姻。

戀愛幾年最適合結婚?牛排幾分熟你才喜歡?這些答案都是因人而異,只要過了熱戀期及相互了解期(這兩個加起來差不多兩年,但每對情侶會有差異),之後交往時間的長短並不能做為是否適合結婚的關鍵因素。如果硬是要給個期限,那麼只會給最終分離的夫妻一個藉口:「我真是太早(太晚)結婚了。」而不去看清自己真正的過錯。

那麼到底情侶什麼階段可以論及婚嫁?這實在很難以單一方面說明,就像問「什麼是優秀的員工」,一定是從綜合的素質去考量。現在的社會現況是,不論情侶處在什麼階段,都會有人走上婚姻的殿堂。所以比較確切實際的問題是:「如果現階段要結婚,結婚的前提應該注意哪些?」

不論處在什麼階段,結婚前提和該注意的共通點,大概是:結婚前提應該是為了愛,而不是條件(對方家庭背景,經濟因素)或心不甘情不願(年紀所迫、失戀逃避傷痛、奉子成婚)。不管

是上述什麼原因而結合，今後會產生矛盾的機率都很大。如果是因為愛而在一起，由於愛的力量，可以做到寬容與為對方改變，則較容易渡過難關；如果不是因為愛而結合的夫妻，那麼就缺乏「愛的力量」，不容易化險為夷，最終不是導致分離就是痛苦地過日子。除此之外，沒有其他絕對必要條件，因為有了愛，貧窮夫妻照常組織家庭，身體或心理不健康的父母可以養育出健康的兒女，個性不合的伴侶可以安然度日，不論什麼樣的困難都可以克服，因為有愛。

結婚最要注意的是不心急，一切慢慢來，不要被熱戀的甜蜜沖昏了頭，如果你表姐存款有上千萬，要你表姐把所有的財產送給男友，我相信她也不會那麼衝動，因為金錢的損失是看得到的，看得到的損失會讓人保持理智。但是結婚就沒關係，因為愛情會讓人失去理智並盲目自信，你問她不怕男友變心嗎？這句話問了等於白問，如果她會擔心就不會那麼快結婚了。所以要堅持交往一段時間，等到開始發生衝突磨合的階段。既然那麼愛彼此，多等些時間又不吃虧，對方又不會跑掉。等到磨合期過了，共渡了一些難關，那麼才考慮結婚。

在這個期間，為了保護自己還是要保持一定的警覺，例如結婚前應該注意對方是否有不願公開的事情，許多被欺騙的案例當中，大多數都是不夠了解對方背景，如果對方對某些事情有所隱瞞，一定要了解到底（這裡不是指個人過去的隱私，而是一些可以公

開的事情，如家住哪裡、家裡有哪些成員等），否則不要相信對方。

對於對方家庭成員的關係與想法也要有所了解，結婚有時並不只是處理兩個人的關係就好。關於財務方面，婚前婚後財產、未來的規劃、雙方家庭的承擔等，也應該有明確的共識。或許有人會說，既然愛對方，何必去注意這些東西。但事實上，去做這些事情並不代表不愛對方，反而容易打開彼此的心結，避免造成不必要的爭執。

雖然以上的答案可以給你作為「多久才適合結婚」的參考，但是我要強調一點，婚姻幸福的要素還是在婚後的「經營」，請你把焦點放在這裡，否則只注重何時該結婚，忘了經營婚姻，結果還是不會幸福。最後，祝你經營出幸福的婚姻。

夏東豪

恐婚族，恐什麼？

> 張愛玲説，「最怕的是，一個有才的女子突然結了婚。」
> 朱德庸説，「戀愛是兩個人散打，結婚是兩家人群毆。」
> 「恐婚」像流行病，「傳染」給不少都會男女。

夏博士，我九歲那年，爸爸因為外遇和媽媽離婚了，媽媽一個人帶著我生活。媽媽失敗的婚姻讓我看不到愛情的美好。他們剛離婚的那段時間，她每天都咒罵爸爸，家裡的空氣讓人壓抑到窒息。後來，媽媽還徹底斷了我與爸爸的關係，她不允許我們父女有任何來往。爸爸偷偷去學校看我，被她知道了，還臭罵了我一頓。「男人沒一個好東西！」這是媽媽最常掛在嘴邊的口頭禪。看到媽媽被不幸的婚姻所折磨，我也感受不到愛情有什麼美好，原本相愛的兩個人，到頭來卻和仇人一樣，早知如此，為什麼當初要在一起呢？

大二時我開始交男朋友，媽媽知道後極力反對，原因是他是學藝術的。媽媽告訴我，搞藝術的男人都很花心，只因為爸爸是開畫廊的。那時我對愛情沒什麼深刻的理解，媽媽的話就是埋在心頭的一顆種子，隨著種子的成長，我對愛情更不抱樂觀的態度。後來我們

分手了，他最後狠狠地傷害了我。我對愛情的美好信任徹底被打垮了，我開始用很悲觀的態度去面對感情，甚至想單身過一輩子。我想，既然男人和婚姻都不可靠，那不如自己一個人生活吧。

大學畢業幾年後，我還是單身。現在快三十五了，媽媽開始急了，幫我安排各種相親。前兩次的相親讓我很厭煩。第一次那個男士和我約會沒半小時，就坦白告訴我，曾經和一個婚友談過戀愛，談了兩年多，對方非常漂亮又優秀，分手的原因是她要出國了。他這麼一說，我的「恐懼感」又來了，看來他還很欣賞前女友，他們分手不是有問題而是距離，假如將來我們談戀愛，他會不會和前女友藕斷絲連？我可不想和一個朝三暮四的人結婚。第二次相親，那個男士還要他的父母陪，想起來就覺得恐怖！尤其他媽媽，兩隻眼睛像偵探上下打量我，讓人非常不自在。得知我是單親家庭長大的，居然追根究柢問我父母為什麼離婚。我非常反感，早就聽朋友說，婆媳很難相處，一想到要和這樣的老人相處，頓時頭皮發麻。算了算了，還是一個人吧。從那之後我拒絕了相親。

上個月，我最貼心的姊妹小妮妮竟然離婚了，他們還是青梅竹馬！她的離婚又帶給了我很大的打擊。

夏博士，最近公司裡有一個男同事很關心我，我也對他有好感。但是，我很害怕……有人說，結婚就像購物，是需要氣氛、衝動的。買回來的東西不喜歡可以扔掉。可是，一旦結了婚，老公總不能隨

便扔掉吧。我很矛盾，我該選擇相信愛情，還是單身過一輩子？

Maya

❖

親愛的Maya：

恐婚症，顧名思義，是一種恐懼婚姻的症狀。從字詞表面上來看是對婚姻的恐懼，但其實掩蓋了更深層的原因，那就是「付出的代價」。或許你會從恐婚症的人那裡聽到不同的原因和故事，但最終是他們不願再付出代價，所謂怕受傷害，其實也只是怕付出代價的另一種說法而已。

每個人對同一件事的解釋都有獨特的理由，受害者通常都會認為自己跟別人不一樣。但是從心理學的層面來看，恐婚症所缺乏的心理能力是一樣的，不論他們給你的理由多精彩，他們真正缺乏的是為想要的東西所付出代價的能力，這種代價還包括承擔婚姻所帶來的家庭責任。

Maya，恐婚症的人是被動的，是想要不勞而獲的。當其他男女雙雙對對前仆後繼地投入婚姻戰場時，有人頭破血流，卻屢敗屢戰；有人滿身傷痕最終退出戰場；同時，也有的人在經歷了風風雨雨，卻更屹立不搖願意互相攙扶繼續走下去。而你卻站在戰場外當觀眾，最好有人百分百確保你的安全，你才會考慮進場。也

就是說，你希望有人保證你婚後不會遇到任何困難，也不用承擔任何責任，更不會吃到一點點苦頭，跟你在一起的人一定要愛你一輩子，不可讓你受到一絲絲傷害。如果這些都保證做到了，OK，那麼你才考慮進場。你想要的事情，所有人都想要，但是憑什麼就發生在你身上，給你這麼好的保證？即使我向你保證這些事會發生，你也不會相信，除非世上有時光機，能帶你到未來去看看是否真的會發生，否則你不會相信任何人。然後一個守株待兔的寓言故事又重演了，你就一直等，等到青春不再，等到年華老去，等到天荒地老，等到撒手西歸。

通常恐婚症的人只看到婚姻的缺點，而看不到自己的缺點。如果看不到自己的缺點，那就無法修正，無法改變了。就像一個在工作上受到挫折的人，叫他重回職場，他不會願意，因為他怕再次遇到挫折，雖然他的擔心是可能發生的，但是為了避免而不去工作，相信大家都能輕易看出他在逃避，而不是真的有什麼問題無法克服，否則為什麼仍有一大堆人還是去工作，還是談戀愛，難道他們就喜歡挫折、喜歡失敗、喜歡痛苦？所以要解決自己的問題，先要搞清楚自己的問題在哪裡。

首先要看清自己的問題，雖然這很殘酷，但是這樣才能對症下藥，恐婚症的問題實際是「不想面對、不想克服、不想付出代價卻又想獲得獎賞」，所以我們要解決的不是婚姻問題，而是培養面對問題與挑戰的心態。恐婚症要解決的是不想面對、不想克

服、不想付出代價的心態，不管你曾經遇到多少失敗，只要你想獲得成功，就必須重新面對、重新克服、重新付出，才可能獲得想要的結果：好的戀情、好的婚姻。

還有一點很重要：不要相信自己會遇到好的戀愛對象，遇到好的對象當然很好，但是即使遇到再好的對象，還是可能會有問題，所以把希望寄託在相信自己一定會遇到好的對象，往往會帶給自己更大的挫折與失望。應該要相信自己會越來越有能力去面對與處理未來會遇到的兩性問題，自己是可以創造幸福的。很多人是「等待」幸福，遇到挫折就認為人不對，想換人，這樣下去是永遠不會得到幸福的。這種人不懂得創造幸福，但他自身看不到，他會認為是遇到不對的人，對方也這樣認為，這樣的兩個人如何創造幸福？

所謂種豆得豆、種瓜得瓜，天下沒有白吃的午餐。想要具備創造幸福的能力，就要去學習。你會發現很多伴侶從來沒看過兩性的書籍，也沒上過兩性關係的課程。戀情遇到問題了，大都抱怨對方，很少趕緊找出自己的錯誤、找書看、問人求辦法，結果問題始終沒解決，最後還是分手，這都是缺乏學習精神及行動的結果。所以趕緊抱著一顆學習的心吧！學習兩性溝通相處之道，再不學習的話，你會恐婚是應該的，因為你沒能力面對。

所謂近朱者赤，近墨者黑，平時應該多接觸婚姻美滿的夫妻，聽

聽他們的想法與經驗，遠離那些不幸夫妻的抱怨，這樣你會對婚姻越來越有信心，潛意識也會植入正面的影響。

Maya，如果你能把焦點放在「提升與改變」，而不是「恐懼缺點」上面，那麼你就開始走上願意付出代價、承擔責任的情感道路（注意，我沒有說「美滿幸福」，因為它不會在那裡等你，而是要你去創造的），祝你成功。

夏東豪

沒人逼你結婚，你在糾結什麼？

> 與其為父母而活造成一輩子的痛苦，不如為自己而活讓他們一輩子痛苦。

夏博士，我媽媽瘋了！我都快被她氣死了！

她竟然跑去幫我相親，真是丟臉死了！要是被朋友看到，那多尷尬。她不覺得丟臉，我都想挖個地洞鑽進去。

我招誰惹誰了？我法學碩士，事業一帆風順，在一家律師事務所工作。頂多也就是長相一般，不是很出眾。

我今年三十三歲，媽媽一天到晚逼我交男朋友，而且她還自認為比我更清楚該找什麼樣的男朋友，頻頻找親戚朋友給我安排約會。如果我不願意去，她就罵我，說我不懂她的一片好心，總是令她傷心。一開始我不想惹媽媽生氣，所以幾乎每次約會都硬著頭皮去了。

在媽媽的安排下，我先後見過七個男生。實話實說，我對他們沒感覺。七次約會都只見過一次就沒下文了。我老媽真的很離譜，她對這樣的結果很不滿意，甚至還威脅我說，我不去約會結婚，她就不吃不喝，真是恐怖。

更恐怖的是，今天早上她竟然對我說，昨天她幫我相親了，發現有一個國外回來的ＡＢＣ很適合我，問我哪天有空她要幫我們約吃飯。天哪，她瘋了嗎？我一想到老媽一臉賣力地把我「推銷」出去的模樣，我的頭皮都麻了。

我真的生氣了。我大聲地吼她不要再幫我相親丟人現眼。老媽一聽又不高興了，開始她的長篇大論，「你看看隔壁的倩倩，書沒你念得多，薪水沒你高，但現在都已經兩個小孩了。你啊你，你真是要氣死我……」我一生氣，門一甩就逛街去了。

夏博士，您說人為什麼要結婚呢？有時想想，乾脆死了算了，那樣就不會被老媽逼著去約會了。婚姻是一輩子的事情，可遇不可求，哪能相個親就結婚？如果沒遇到合適的，我寧願單身一輩子。可是，沒人理解，老媽更是天天逼我，我真的快被逼瘋了，請夏博士給我指條明路吧。

Lala

親愛的Lala：

天下的父母都是一樣的，當孩子還小的時候，希望他好好念書，書念完希望他找個好工作，找到工作後希望找個好對象，找到好對象希望他生個孩子，生完孩子後希望好好養孩子，接下來對孫子／女重複對你的期望……

如果在某個該達成目標的年齡沒有達成目標，那麼做父母的就會更加著急，尤其是女性，以社會價值觀來說，男人是越老越值錢，而女人卻是越老越不值錢，所以父母會擔心不斷貶值的你，找不到好的對象。一般而言，隨著年齡增長，女人自身條件以及擇偶標準會下降，找到的人會越來越差。另一方面，女人的生育期是有黃金階段的，越年輕越好，超過三十歲的女人，身體懷孕生育的精力及恢復力越來越差，三十五歲以後就更差了，四十歲以後連懷孕都有問題，所以現在三十三歲逼近生育危機的你，叫做母親的怎能不為你擔心呢？

表面上，你覺得逼婚是造成壓力及不開心的原因，但實際上真正的問題是親子問題，是你與母親相處及溝通問題，你卻以為是剩女問題，是逼婚問題，是母親為你公開徵婚讓你難堪的問題。如果你一直沒學會如何與母親好好溝通，那麼這個問題很難真正地解決。除了與母親溝通有問題之外，你要先處理自己的情緒。你之所以生氣，不是媽媽逼你去，或者說，媽媽的確逼你去找男朋友，但是如果你不去，你就不會做你不喜歡的事情，那麼你就不

會生氣，或許你媽媽會生氣，但那就是她的問題，她應該尋求幫助。做了自己不喜歡的事當然不高興，但是沒有人能逼你，除非他拿槍指著你的頭，否則你絕對有選擇的自由，但是你選擇違背自己的意願，如果你因為被逼而生氣，那麼你的確該生氣，但是你該生氣的對象是自己，因為是你逼自己你做了不喜歡的事情，雖然提議的是你母親。

你要很清楚地知道（你一定知道）自己並沒有做錯及對不起任何人，不要有任何內疚感，雖然媽媽可能認為你這樣是不對的，你不要認同，但要允許她有這樣想的自由。表面上你認為不結婚是你的自由，但是潛意識卻認同了母親，覺得如果不聽話就變成了不孝女，逼你做不孝女的是你媽媽，所以你就生氣了；因為你做了自己不喜歡做的事，然後你生媽媽的氣，如果她不逼你，就什麼事都沒有。但是你忘了，你媽媽只是逼，真正做的是你，所以你真正該氣是自己。你要認清自己沒錯，那麼你才會不生氣。

Lala，或許你會說，可是這樣會傷害我媽媽啊。的確，你媽媽或許會有點失望，但是她是大人了，她可以調適的，拒絕母親不代表要用負面的情緒或語言，你可以笑嘻嘻地對母親說，「我知道！我知道！你不要擔心，我會找的嘛！」然後安撫過去。或許你會說，「行不通啊，她會一直煩你！」那你就一直用這種軟釘子去碰，讓她沒轍；或許，你又會說，「不行！最後她會發脾氣，甚至跟你翻臉！」那就讓她發脾氣，讓她翻臉好了。只要你

不動氣，一直嬉皮笑臉，她最終也會渡過的。想想當初父母是怎麼對你的，可能有一次，你想買玩具她不買給你，你就生氣，然後母親不理你，你大哭大鬧，她還是不理你，最後你妥協了。如果每次你大哭大鬧，母親就答應你任何要求，相信所有人都會覺得這樣的教育方式是不對的，這道理是放諸天下皆準的，並不會因為年紀大就可以無理取鬧。

父母以不理會的方式教育孩子沒人會說父母的不是，但是今天孩子這樣對父母，可能會有人說他不孝，所以，我在這裡並沒有要求你也用一概不理的方式，而是要嬉皮笑臉地對待。之前我有位朋友就是這樣對待她的母親，她的母親因為她不交男友非常生氣，有一段時間不太和她講話，但是我朋友並沒改變對母親的態度，她還是會問母親要不要去逛街，她母親很生氣地拒絕後，她就自己去了，也不生母親的氣，久而久之母親就軟化了，畢竟是自己的女兒，現在女兒四十四歲了還沒結婚，母親也習慣了。

所以母親逼你並沒有問題，你生氣才是問題的重點，雖然你不表現出來，因為不想讓母親有情緒，但是情緒本身不是壞事，你這樣壓抑的結果，除非你能壓到底，否則一定會爆發，爆發出來的時候還不是會引發母親更大的情緒？所以你該做的是堅持自己的想法與原則，不要生氣，允許母親有脾氣，然後充當安撫的角色不斷安慰母親就好。

其次，就是昇華對母親的愛，把母親提供的每次機會，用感謝的眼光去看待，欣然接受。想像你母親只有一年可活了（只有生死關頭，最終極的愛才會被激發出來），她好心幫你介紹對象，相信你會含淚感謝，因為你會把它當作臨終前的愛。到了這樣的境界，你就會平和地去面對每一次機會，不會像現在這麼煩燥了。

Lala，不管哪一種方式，你都得做了才能解決問題，如果只是維持現狀，結果就是和現在一樣，不會有任何改變。天下沒有白吃的午餐，想要爭取自由，就必須付出努力與代價，太多人總想著不用改變、皆大歡喜的前提下得到自己想要的，但是通常這是不太可能發生的事情。

夏東豪

落跑新郎？

> 有些人說，婚姻不過就是一張紙。
> 婚姻本身，卻不是一張紙那麼簡單，婚姻代表失去自由。

夏博士，你說我倒不倒霉，我遇到了比老公出軌、離婚還要悲慘的鬧劇，他竟然當落跑新郎！在這之前，我竟然一點預感也沒有。

我和Arthur原本二月二十二號那天去登記，前晚我還電話提醒他明天記得穿正式一點，帶戶口名簿，九點鐘準時在民政局門口見，不要遲到。當時他還口口聲聲地說不會遲到。沒想到隔天早上，都九點十分了他還沒到，於是我打他手機，得到回覆是，電話關機。我簡直氣瘋了，立刻撥他們家電話，他爸爸接電話，支支吾吾半天不說話，我感覺事情不對勁，立刻坐計程車到他們家，沒想到等待我的竟然是，他為了逃婚，一早已搭乘最早班飛機去廣州了。

我瘋了，我徹底瘋了，有什麼話不能好好說，非要鬧到落跑？讓我情何以堪？一天之內我接到不下二十通電話，親戚、同學、朋友本來都是來恭喜我的，現在我只能冷淡地向大家宣布，新郎臨時退

出，結婚暫停。

前三天，打電話他永遠都是關機狀態。我質問他爸爸到底怎麼回事，他爸爸除了對不起，再也說不出第四個字。我想飛去廣州找他，但是我爸媽不允許，說這個婚事，當初他們就不同意，現在還鬧成這樣，叫他們臉往哪擺。

第四天，他終於出現在我家門口，我一看見他，就顧不及形象，忍不住上前打他，他沒有還手，只是緊緊抱住我，說：「對不起。我覺得我還沒準備好。請再給我一點時間。」什麼？還沒準備好？我問他需要多久，他居然說他不知道。夏博士您說這是不是很可笑。

他說他聽過太多婚姻失敗的故事，加上他本身就生長在一個不完美的家庭，耳濡目染之下，他對自己的婚姻也抱著不看好的態度，他甚至無法相信自己可以給我一個美好的家庭。他可以拿捏愛情，但面對婚姻，他卻只剩下不信任。我跟他說：「拜託！很多家庭就算不幸福，他們也是結婚了，你不想結就直說，何必找藉口？」

我覺得他太過分了，如果他害怕結婚，他可以說啊，我又不會逼他，就算我為此跟他吵，也比他答應我再反悔要好得多，婚姻不是兒戲，他怎麼可以隨口答應，又隨口拒絕呢？我現在感受不到一絲他愛我的感覺，如果我跟他提分手，他一定會說好。這就是我最傷心的地方，他到底愛不愛我？我怎麼這麼可憐，遇到這種男人？我

對他的愛卻是真的⋯⋯夏老師，你覺得這種男人可靠嗎？我到底該怎麼辦？

Sarah

❖

親愛的Sarah：

不要說你的遭遇比丈夫出軌、離婚還慘的事，其實你沒那麼慘，它之所以慘是因為你覺得慘。

試想以下情景：你男友本來答應你要來演講，你也邀請好嘉賓出席，而且來的都是有頭有臉的人物，你好不容易把他們請來，現在嘉賓們都已經入席，就等著你男友上台演講了，但是，眼看著開場時間漸漸逼近，他卻沒有出現，你到處找也找不著，打他電話也沒人接，你開始急了，但是你也沒辦法，結果開場時間到了，他還是沒有出現，你馬上上台安撫嘉賓，請大家稍待一會兒，你男友馬上就到了，可是十分鐘過去了，他還是沒來，台下的人已經有點不耐煩了，但是他們還是願意給你面子，繼續等待，結果三十分鐘過去了，很顯然你男友應該不會來了，所有嘉賓也這樣認為，於是你只好向嘉賓道歉，將他們送出會場。之後你怒火中燒，狂打男友手機，但就是沒人接，你跑去他家和他工作的地方也找不到人，他就這樣消失了。三天後，電話突然接通了，你把他約出來見面，你不斷地罵他，他也不斷地道歉，你為

此跟他大吵，你認為他不配合演講，最重要的演講被他搞砸了。你認為他不該這麼對你，太沒有責任感了，你很傷心，也很生氣，但是他又是你公司唯一的講師，你不知道該不該和他繼續合作下去。

故事裡的他的確欺騙了你（你男友答應你要結婚，結果卻落跑了），但是你只看到他沒做到，然後非常有情緒（如同現在的你一樣），因為你好不容易邀請到嘉賓、嘉賓也交了錢（你投入了感情，也付出了很多），你不想退錢、不想得罪嘉賓（你不想失去他，你其實是愛他的）。如果開除他（不要他了），但是之後又找不到人頂替（沒有新的、更合適的情人），最後還是得退錢而且把嘉賓都得罪了（過去的情感白費了＋失去了情人），那麼你立刻開除他的舉動是衝動的。

Sarah，你的問題不是你衝不衝動，而是你的模式有問題，你要改變的是你的模式。你遇到問題的模式是：

我遇到問題了

↓

我沒辦法解決

↙　　　↘

我應該接受這樣的　　OR　　選擇離開
問題繼續下去

簡單說就是，「我要痛苦接受，還是痛苦離開」。但是，還有另外一種模式叫做「我遇到問題了，想辦法解決，我一定會解決，一切都會沒事的」！這就是你要改變的地方。

現在問題的焦點，不應該是「我該不該跟男友繼續下去，這樣的男人值不值得」，而是「如何讓他下定決心跟我結婚」。如果你幫助他下定決心，那不是什麼事情都解決了嗎？或許你會說：「可是我不知道他是不是真愛啊，如果他不愛我，那我是不是該離開，而不是逼婚。如果他是愛我的話，那他怎麼會逃婚？」好了，問題出在誰告訴你逃婚就等於不愛？反過來問，男友可不可以既愛你又怕結婚？當然可以，愛一個人和怕結婚是兩件事。

如果你真的愛他，也想跟他結婚，你不要光顧著氣他為什麼逃婚，而是要想想，他為什麼逃婚？你不是很愛他嗎？愛不是掛在嘴上，愛他就要幫他，你要找出他逃婚的原因，然後幫他解決。

有人說，「婚姻不過就是一張紙」。就結婚證書而言，它的確只是一張紙，但是婚姻本身，卻不是一張紙那麼簡單，婚姻代表失去自由。兩個獨立的個體一旦結婚了，兩人住在一起，那跟小孩子跟父母住沒什麼差別。

其次，婚姻代表責任，這點大家都知道，你男友也知道，進入婚姻就要負起養家的責任，之後生了小孩還要負起養育孩子的責

任，需要考慮一大堆婚前從來不用擔心的問題。雖然每個男人對婚姻失去自由及承擔責任的恐懼多少都會有一點，但是大家也知道這是必須面對的事情。只是，你男友的恐懼感更強烈，他不敢面對，他也自我合理化，找很多理由和藉口，而這些理由和藉口其實都是出於恐懼。如果你只是一味地指責他，那就好像批評小孩怕鬼一樣是沒有用的，如果只是告訴孩子不用怕鬼，然後還把他推進黑暗裡，那更是萬萬不可。

你現在要做的就是，接受他的道歉，抱著理解他的態度。注意，是真的理解，不是假裝理解然後想著「你到底什麼時候要結婚」。好好跟他聊一聊，像朋友一樣問他到底怎麼啦。聽到他的答案不要覺得「這沒什麼」，或「你不應該這樣想」，對你來說可能是芝麻綠豆的小事，對他而言就是大事，你也要把它當作大事來看待。帶著你對他的愛去聆聽，你才會覺得他需要你的幫助，問他「我可以幫你什麼」，並且不斷告訴他，「我愛你，我們一起想辦法解決。你放心，我們一定會幸福的」之類正面的話語，不僅可以給他正面的能量去沖淡他的恐懼，你們也會因為共同努力而更加親密。或許你會問，萬一沒用怎麼辦。你如果這樣想，代表你不夠正面，也可能你不是真心幫他，如果現在的事你都不好好解決連未來都沒有；不如你先去做再說。

夏東豪

男
閨蜜
b r o
m e o

結婚＝勝犬？

PART 3

愛人不滿，就是不愛了？

> 令我們痛苦的，不是事件本身，而是對事件的看法，也就是說是我們看待事情的想法令我們痛苦。

夏博士，我很痛苦。每天下班一想到回家要面對他，我頭都痛了，彷彿三座大山向我迎面壓來，我快窒息了。

他怎麼可以這樣對我？記得結婚前，他說會好好待我，也很包容我的小缺點，現在一件很小的事情都可以讓他暴跳如雷。就拿今天早上來說，因為今天他有一個很重要的會議，所以六點我就爬起來為他準備早餐。七點他起床了，繃著一張臉，好像我欠他五百萬似的。他吃了一口我精心煎的荷包蛋，馬上吐了出來，大聲吼我：「你這是什麼蛋？好鹹！想鹹死我啊！」我很驚恐，趕緊說：「我立刻幫你重新煎一個。」他大手一揮：「不用了！等你煎好我都遲到了！這種小事都做不好，怎麼那麼沒用！」他拿起公事包摔門出去。我欲哭無淚，這已經不是第一次了。

婚後一年多以來，他一直在挑我的毛病，很多次我都忍了。他總是

無理取鬧，因為一些很小的事情對我亂發脾氣。像前天裝修新房，因為來裝電器的師傅弄丟了單子，讓他等了一天，晚上才過來，弄到晚上十一點多才回家。我下午一下班就過去陪他。我上一天班也很累，特地趕著過去陪他，想不到他竟然對我發脾氣，說我幹嘛不回家做飯，要陪他浪費時間！他總是不客氣地罵我，對著我發飆，我是女人啊，我也有感情的啊！有時他還當著他父母的面罵我、指責我，我心裡很難受。當初為了和他結婚，我不顧父母反對，受了很多委屈他怎麼都不懂？竟然現在還那麼對我！他也知道自己脾氣不好，常說要改，但他真的會改嗎？為什麼我活得這麼痛苦？

我知道，他工作壓力很大，所以有時把我當出氣筒，但是，誰願意做出氣筒呀。能忍的我都會忍，但現在我已經快到極限了。

夏博士，我真的好累，他如果每天都為了一點小事就罵我，我真的會崩潰。快幫幫我。

Isis

親愛的Isis：

首先，你要先確認是他讓你痛苦，還是你讓自己痛苦，當然你一定會說是他讓你痛苦，否則你也不會尋求幫助。可是你仔細想想，「他讓你痛苦」是真的還是假的？親愛的，你被自己騙了都

不知道。如果是「他讓你痛苦」，那麼你應該叫他來聽我說教，因為你沒問題，有問題的是他，是他需要改變而不是你，那麼你來問我意見有什麼用呢？第二，你完蛋了，既然痛苦是他造成的不是你的原因，那麼你改變又有什麼用呢？他不改變，你就會一直痛苦下去。

如果你知道痛苦是自己造成的，那麼恭喜你，你來對了，因為你來我就能幫你，我無法幫一個不在這裡聽我說話的人。既然痛苦是你自己造成的，這就好辦了，只要改變自己就好了，對方改不改變都跟你無關，只要你改變，你就可以開心起來。

如果「痛苦是我造成的」，那麼問題一定出在你身上，你一定會疑惑，「我沒做錯什麼事啊？」是的，你的確沒做錯事，但是為什麼會痛苦呢？既然行為沒錯，那一定是出在想法上面。令我們痛苦的，通常不是事件本身，而是對事件的看法，也就是說是我們看待事情的想法讓我們痛苦。比方說，早上你好心做早餐還被罵，你覺得痛苦，但是是你自己要覺得痛苦的。有一對夫妻，妻子像你一樣好心幫丈夫準備早餐，她丈夫也像你先生一樣，挑剔妻子早餐沒做好而責罵妻子，但這個妻子跟你反應不一樣，她沒有道歉請求重做，而是回罵：「你有沒有搞錯呀，大爺，我忙了半天幫你弄早餐，有就不錯了，嫌不好就不要吃啊！」接下來有兩個結果，一是丈夫罵歸罵還是吃了，二跟你丈夫一樣沒吃就走了。像這種常常吵鬧的夫妻比比皆是，不論丈夫採取哪種行為，

至少妻子不感到痛苦，因為妻子根本不理會。

「為什麼她不會痛苦而你痛苦？」你有沒有想過？我想你應該從沒有想過，因為你忙著處於受害者的心情，忙著想著丈夫的不是，忙著數落丈夫的罪狀。你認為「你丈夫不應該（或者說不可以）這樣對你（生氣）」，而且你非常認真視為真理。若你問我上面提及例子裡的妻子，為什麼她丈夫這樣對她她卻不痛苦，她會說：「他本來就這個臭脾氣，誰鳥他啊！」如果你說：「難道你不覺得他不應該對你生氣嗎？」她會說：「我也覺得他不應該這樣對我，但他就是這個樣子，我又有什麼辦法呢？」（聽起來有點消極，但背後是接受。）如果你繼續問她：「我不管，你應該痛苦，他居然生氣罵你，你不可以就這樣過去，也不可以放下，你就是要痛苦，你必須痛苦！」你猜！聰明的你，她會回你什麼呢？答對了，「神經病！」這就是你現在做的事：痛苦。

那你該怎麼辦？改變！改變對事情的看法！這沒有什麼神奇的魔術，就是努力修正自己的想法。比如以前我很討厭強勢、說話咄咄逼人、講話很大聲的人，當我遇到這種人，我當然不會顯示我的不滿，會像你一樣壓下去，雖然不像你那樣痛苦（因為我畢竟不用跟他們交往），但是內心很不舒服，而且在職場上也會影響我對人的看法與做事的態度，後來我改變看事情的角度，每次遇到這種人時，我就會提醒並告訴自己，「他就是這樣子，不用管他」，說久了自然就成功了。

如果這招沒用，你可以表達自己的感覺。當然，你必須要提高自己的情商，當你覺得不舒服，不可以很情緒化，而只是述說你的感覺，例如，「我起早為你做早餐，聽你這樣說，我很難過！」通常這樣說，對方的態度就會立刻緩和下來，如果你的表情夠中立，有時對方會覺察到自己的不是而跟你說抱歉。要注意的是，不可帶著激情（攻擊）的語言，千萬不可以說，「你知道嗎？我辛辛苦苦沒睡飽就爬起來，好心為你準備早餐，你不但沒有感謝我，還否定我、罵我！」這樣只會激起對方的防禦與反擊。

最後還有一種辦法，你也可以像故事中的妻子一樣，直接表達你的憤怒，不要壓抑情緒，或者你會問，表達我的憤怒適合嗎？他脾氣已經夠大了，如果我也發脾氣，那不是吵得天翻地覆了。事實上，會有狂風暴雨，但會事過境遷的，人只要發洩就沒事了。這也說明為什麼很多夫妻吵吵鬧鬧最後都沒事，就是這個道理。

其實，你老公這樣對你，他不是挑刺，而是在拔你刺，當然要靠你自己修煉才行。「忍」雖然是傳統美德，但是忍進去的東西要消化得掉才行，否則積久了會爆發的。其實你的敵人不是你老公，而是他的脾氣，試想，如果他是非常平和笑嘻嘻地對你說，「你幹嘛不回家收拾房間做晚飯，要陪我浪費時間？」你不見得會立刻回去，但你可能會說，「人家想陪你嘛。」所以你需要改變的是：接受你老公就是這樣的脾氣。習慣他吧！如果你做到了，首先受益的是你，你不會那麼痛苦，然後你才可能做到平和

地對待，你的老公才可能受你的影響，因為沒有人喜歡一個愁眉苦臉的受害者，更不會聽愁眉苦臉的受害者說的話。

夏東豪

我的男人不爭氣？

> 對方明明很差勁，但就是狠不下心分手，到底在留戀什麼？
> 一個人忍受被遺棄，勝過兩個人在一起受苦。

夏博士，昨晚看了《裸婚》，感慨萬千。劉易陽（男主角）因匆忙做出的設計被客戶否定，而被總監辭退，童佳倩（女主角）回娘家央求父親幫丈夫找個工作。岳父幫女婿在自己部門安排了職位，但女婿說這種喝茶看報紙的工作根本就不適合他。佳倩覺得很委屈，她覺得她先生根本不為這個家著想。為了讓易陽去上班，佳倩故意在餵奶前把自己的奶水吸出來倒掉。寶寶喝不到奶水哇哇大哭，他們只好去買昂貴的進口奶粉。佳倩又偷偷倒掉寶寶的奶粉，不到一天，就倒去半桶。佳倩讓易陽再去買，易陽最後卻連奶粉都買不起了，無奈之下同意去岳父的部門上班。有一次，佳倩倒奶粉時被易陽撞見了，他拿起奶粉罐狠狠地摔在地上，佳倩生氣地回打了他一巴掌。他們離婚了。

我的苦衷和佳倩差不多。當我看到佳倩倒奶粉威脅易陽去工作時，我還竊喜，心想改天也要試試這個方法。但看到祕密被發現，他們走到了離婚這一步，我沉默了……

剛和他認識的時候，我覺得他是個很上進的有為青年，我們對工作都很有責任感。婚後，由於公司外派他到國外工作，他辭去了原來的國際貿易工作，開始從事金融銷售，由於銷售業績不佳，他的薪水大大減少，有時少到只能勉強養活自己。他其實是個很有能力的人，有各種專業證書，我請我的朋友推薦他去面試新的國際貿易公司，他不願意去，說自己的興趣已不在此。我對此很無奈，只因他不願換更好、更適合他的工作，而是整天研究他的金融資訊。為此，我諮詢過心理專家，專家說我要耐心等待，我要支持我先生。好，我支持他。我支持了他一年，耐心地等待了他一年，一年後，結果還是令我失望，他並沒有研究出什麼來，銷售業績一如既往地差。我嘗試過各種努力，尋找他不願換工作的根源，甚至威脅他家裡已經糧盡彈絕，但他總是不急，總是無動於衷。

夏博士，我不是一個把金錢看得很重的人，我可以和他一起過粗茶淡飯的日子，但前提是至少要有飯吃呀。我曾考慮分居，但想想這麼多年的感情，又有些放不下。如果一直這樣下去，我們兩個根本沒有未來可言，一個男人沒有辦法養家，生活將如何繼續？原本我們打算明年要生小孩，現在我根本不敢生，生了怎麼養呢？

夏博士，我不知我和他還能走多久。我該怎麼辦？

Sophia

親愛的Sophia：

很顯然，你的耐心與支持無法幫他，你可能要採取嚴厲的手段了！

心理研究發現，一個人不去上班在家裡待久了，會越來越沒有自信，產生上班恐懼。雖然你丈夫不是沒有工作，但是他從原來熟悉的國貿轉行，從某種意義上來看，他就是失業了。從這點看來，他越不回去原來的行業，他就對自己在這行的工作能力越來越沒有自信，形成一種恐懼的心理，進而排斥抗拒，即使你好心幫他找熟悉的工作，他還是抗拒不願意（不敢）回去，然後你就一頭霧水，搞不清楚為什麼會這樣。

其次是工作上的挫敗導致他自信心喪失。因為銷售業績不好，久而久之他就會降低自我價值感，沒有自信。一個沒有自信的人，叫他到新的環境做新的工作，他只會更加沒有安全感，這是出於人的天性。人是習慣的動物，人如果習慣一個環境，就會傾向不改變，人對於未知的東西或未來是恐懼的，除非能先看到並確保新環境是有好處的，或者這個人本身很喜歡挑戰（你老公不會是這種人），否則沒有人願意冒險。你可能會問，「我老公受挫折就不願意換環境嗎？」這取決於這個人是正面還是負面取向。如果是正面取向，會奮發向上努力爭取好業績，若行不通，他會換公司，或乾脆改行不做業務，做一個更適合他的工作，這些都算正面的行為。而負面取向的人，像你老公，雖然在這家公司受到

挫敗，但已經習慣了，也就不以為意。如果換工作，還是挫敗的話，那將是無法接受的打擊，所以他寧願接受小打擊，也勝過大打擊。

越是沒有透過努力得到相應的財富，越是想以投機的手段得到巨大的財富。這就是你老公為什麼那麼愛研究金融，因為他希望能研究出個結果好讓他大賺一筆，或從此得到容易賺錢的方法。這是惡性循環，當他越是賺不到錢，他就越不會一步一腳印，他會想要用最快方式賺錢。他已有類似賭徒好逸惡勞的心態，而這樣的心態是不容易只用愛心與支持就可以幫助到他。

為何他不願換更好的工作？為何你不願換更好的老公？這兩者的難度是一樣的，那接下來該怎麼辦？請你愛他！如果你愛他就請你幫他！聽到這裡你一定會說，「我愛他啊，不然我怎麼會還陪伴他？」不，你這不是愛他，而是愛自己，因為你希望他陪在你身邊，所以你不願讓他討厭你，你不敢惹他，這樣的結果，你根本不是愛他，反而是在害他。他在成為廢人你卻沒有制止，這樣算愛他嗎？他這種心理上消極殘害自己的行為，相當於吸毒，你看到他吸毒吸了一年還在吸，你為了怕他跟你翻臉而沒有制止他，你算是愛他嗎？如果你還堅持這是愛，那我只能說這是一種像父母對孩子的溺愛，雖是愛，但是有害的愛。

心理學上說，人的心理動力有兩種：一是追求快樂的動力，二是

逃避痛苦的動力。對於較正面的人，追求快樂的動力相對大；對於負面的人，逃避痛苦的動力大。也就是說，你好言相勸，如果你老公改變後會有多好多好的未來，對他而言是提不起勁的。但是如果讓他投入痛苦，投入目前的行為而產生的痛苦，那麼，為了逃避這個痛苦，他才會做出改變。對他而言，這叫做「化悲憤為力量」，對你而言，叫做「堅定的愛」。

所以，你可以開始對他提出改變的要求，但是要注意的是，不是用批評指責的語氣告訴他多麼不對，這樣他聽了即使想改變，也會因為被否定而產生抗拒的心理。

那你該怎麼說呢？你應該說明雙方都有選擇生活的權利，然後再表示自己的選擇。比如，「你絕對有權利選擇繼續做現在的工作，同時我也有權利選擇能一起擔負家庭經濟的夥伴。所以，如果你選擇維持現狀，那我也會做出離開你的選擇！」注意，遣詞用句裡不可以說「但是」，一定要用「同時」，這是一種溝通的技巧。用「但是」只會給對方感覺前面的肯定是廢話，導致後面變成對方不喜歡聽的話。最重要也是最困難的一步就是，化語言為行動，不是嘴巴說說。你可以搬出去（當然如果他願意你也可以請他搬出去），等他做出改變。如果他改變了，那麼你就可以破鏡重圓。切記，自己一定要先行動，不可以只是他口頭答應，否則很容易他答應要改變變成只是說說。注意，這時你的焦點不應該擺在「我希望他改變那樣我就快樂了」（愛自己的目的

上），而應該擺在「我希望他改變是為了他自己好，即使他討厭我也沒關係」（愛他的立場上），有沒有擺對焦點，對能否幫到他有舉足輕重的影響。我知道，這可能會觸及你內心最深層的恐懼：「萬一他真的離開我怎麼辦？」你放心，只要你的焦點擺對，他會感受到你是愛他的，他會願意改變並且回到你身邊。這期間你要不斷傳送「我還是愛你，我等你回到我身邊」的訊息及信心，堅持到底一定會成功。

「如果沒成功呢？」相信你會問這樣的問題。那我會問你：「你說呢？」他如果真的無法改變，他的生活也沒有什麼問題，只不過你們倒過來，你負責經濟大任，如果你願意其實也沒什麼問題。誰應該負責養家，只要兩個說好，一個願打、一個願挨，照樣可以過得好。A＋B＝C，你加他等於生活。如果想要改變生活，要不他改變，如果到最後他不改變，那就你改變，如果你不願改變，你也沒有資格說他不願改變！如果你實在不願意跟他這樣過，那就離開吧！

夏東豪

婚前、婚後差很大？

> 婚姻要經營。與其花精力抱怨老公，不如花時間學習兩性溝通之道。

夏博士，婚前婚後，我老公對我的態度怎麼差這麼大？

昨天我問他，天氣那麼好，不如去逛街？他不理睬，埋頭打怪。我說了他幾句，他竟然勃然大怒，說要去自己去，他不想出去。真是不可理喻，一件小事有必要發那麼大的火嗎？我是覺得週末成天待在家裡玩遊戲還不如出去走走，呼吸一下新鮮空氣。他怎麼可以發神經？我們剛認識的時候他不是這樣。那時，每次我提議逛街他就當我的司機，我們可以從早上逛到晚上商店打烊，他很耐心地等我試穿衣服，幫我出主意，連店員都讚美他。現在和婚前簡直兩個樣！婚後這一年，他陪我逛街的次數屈指可數，連試穿裙子問他好不好看，他只會冷冷地說：「啊，隨便，快點！」真令人掃興。

婚前，他對我的關懷和呵護無微不至。有一次我打電話告訴他我不小心腳扭傷了，他二話不說火速趕來扶著我，小心翼翼地帶我去醫

院看病，然後送我回家。他每天都會定時和我通電話，發現我的情緒低落，一定會抽時間來陪我，逗我開心。有時他實在抽不出時間，也會在電話裡問個明白，確保我沒事才放心工作。每逢假日或紀念日，都會精心準備禮物，給我驚喜。說實話，他那時的耐心和在乎深深感動了我，我心想這樣的男人不嫁給他不是太可惜了？於是，在他提出求婚時，我毫不猶豫就答應了。只是婚後，似乎我在他心目中的價值也在直線下降。

現在，我們生活中的甜蜜越來越少，為瑣事吵架的次數越來越多，他對我的情緒波動也開始視而不見，總說工作忙，回家就想休息根本不理會我的感受。今天早上，我因為工作不順想向他訴苦，沒說幾句他就掛電話了。我的心情非常複雜，覺得自己遭受冷落，他的態度深深刺痛了我的心。

夏博士，您說哪個才是真的他？婚前的他都是偽裝出來欺騙我的嗎？現在我們結婚了，他的真面目就全暴露出來了？我該怎麼辦？

Rebecca

親愛的Rebecca：

你問我哪個才是真正的他？重點不是哪個才是真正的他，而是你喜歡哪個他。如果真正的他就是你現在看到的討厭的他，你可以接受嗎？

事實上，很多人遇到跟你一樣的問題，結婚前另一半原本不是這樣，婚前對自己是那麼得好，等到婚後，或者戀愛到某一段階段，對方就開始變了，變得不再像以前那樣。以前我想去哪裡，他都二話不說陪伴我；如果我心情不好，他會很有耐心地陪我安慰我；我問他問題，他也會不厭其煩地回答。但是，現在他變了，他變得不像他了。

我相信你一定常說：「你變了！你以前不是這樣！」然後，他可能會回你：「我沒變！我以前就是這樣！」是的，他沒騙你，他以前的確就是這樣子，但是你會納悶他以前不是這樣啊。其實你們兩個都沒說錯，只是你的以前和他的以前是不同的以前。你的以前是指，你認識他到你覺得他改變；而他的以前是指，認識你以前，就是他認識你以前還沒改變的自己，現在的他才是真正的他，同樣的事也會發生在你身上，可能以前的你，他陪你逛街你會高興，他沒時間陪你，你也不會大發脾氣，但是現在的你就會，哪個才是真的你？

事實上，在他認識你以後，他改變了，他變得不像自己，以前的

他才不會那麼好心跑遠路去陪一個普通朋友（現在的你可能連普通朋友都不如），更不允許別人不斷煩他。但是他為了要追到你，他拿出他最好的一面，這跟業務員為了得到生意而討好客戶沒什麼兩樣。同樣地，在性生活方面也是。所以，他為了自己的好處，他會改變自己或強迫自己（例如，他不想陪女友逛街但還是去了，因為要討好女或怕女友討厭自己）去達到目的。但是，一旦目標達到以後，他不需要再改變，就慢慢變回自己，通常這種改變不見得是在婚後，只要是生米煮成熟飯（感情上），他就不需要再強迫自己、委曲求全，而婚姻通常是一個穩固的界線（要分開就不是那麼容易了），所以在婚後發生這樣改變的機率更大。

所以，你問婚前他是否都是偽裝騙你的，就某種程度而言，是的。不過同樣的事情也發生在你身上，戀愛時兩人都表現出最好的一面，在激情過後、感情穩定之後，雙方各自變回原來的自己，對方同樣會認為你也變了。有些改變是正常的現象，比如以前他比較羅曼蒂克、會為你精心準備禮物或安排活動，這在心理學上叫做蜜月期。過了蜜月期，會進入鬥爭期，彼此在各方面爭取主導的地位，勝者為王敗者為寇，定下一些互動的慣性。隨著時間的增長，當初熱戀甜蜜的消減和羅曼蒂克的褪去，均屬正常的範圍，若你還是以一開始的標準去要求對方，那麼就不切實際了，而且你一定會受到挫折。或許你會抗議說，別人的伴侶就有做到始終如一呀，我可以告訴你，就算有那也是少數，你不能把

少數當作多數。

你愛他嗎？不要急著回答這個問題。愛一個人就是不要勉強他做他不喜歡的事，給他空間做他自己。如果他不喜歡逛街，與其一直催他，不如把他留在家裡或讓他跟朋友出去，而你自己也可以和姊妹逛得很開心不是很好嗎？或許你會說，如果讓他自己選，那他永遠不會跟我一起出去，這樣我們還要在一起嗎？哦！錯！你越是這樣，才會造成他不想跟你出去（目前是真的），如果你給他空間，在一起的時光，沒有批評埋怨，只有珍惜相處，那麼你們會從中得到幸福，所謂幸福不是以在一起的時間來衡量，相處時間少的夫妻不代表就比相處時間長的夫妻痛苦，這是非常顯而易見的，快樂跟時間完全沒關係。

婚姻是要經營要學習的。我相信你一定沒看過兩性關係的書籍，也沒上過兩性關係的課程，所以你不知道男女之間的差異，以及如何去面對及處理這樣的情形。比如你說他下班後就想休息不理會你的感受，那你有沒有理會他「上了一整天的班，可能還遇到一些不順心的事，好不容易下班了，只想先好好休息一下」的感受呢？如果你有情緒，你能否自行解決而不波及到他呢？換句話說，如果今天他有情緒而波及到你，你作何感受呢？如果你學過兩性溝通之道，你就會知道，當老公下班回來很想休息的時候，而你也很想跟他溝通交流，你可以說：「老公！下班了，辛苦了！（看見對方的辛苦）好好休息一下！（給對方想要的東西）

同時（不要說「但是」，「同時」代表如果你同意前面說的話，那麼你也會同意我後面說的話）我想等你休息完後，跟你聊一下（說出自己的要求），好好休息吧！」如果幫他按摩兩下，那麼他怎麼可能拒絕你的要求？若你直接要求他，甚至很強硬的態度，對方一定會抗拒，會答應你才怪。

現在的你與其把時間精力花在抱怨老公，不如花時間提升自己與學習兩性溝通之道。比如，你覺得老公連聽你傾訴的耐心都沒有，你能學習接受這樣的事實嗎？你可以轉向找朋友們傾訴嗎？你可能會說：「他是我的老公啊！我不跟他說跟誰說？」是的，就是這樣的想法讓你痛苦，「他不想聽你傾訴」只是個事實，事實不會令人痛苦，會令人痛苦的是想法。所以你要提升自己，這樣你才不會痛苦。提升自己的方法就是停止要求對方，你放心，當你停止要求對方，讓自己快樂的時候，對方就會開始關注你，給你你要的要求，因為沒有人會討厭快樂的人，也願意滿足快樂的人的要求。

夏東豪

無味婚姻，還要不要？

懂得愛才會有美好的愛情？

懂愛固然好，但那不僅困難，也幾乎是不可能的事。

夏博士，我現在很迷茫，請你給我指條明路吧。

我們現在的愛，就像白開水，一點味道也沒有。

從戀愛到結婚，我們在一起已經五年了。我和他是大學同學，前兩年熱戀的時候，很容易因為猜疑或小事而吵架，但事後感情總是更甜蜜。可是慢慢地隨著時間的流逝，感情就平淡了，現在連架都懶得吵了，更別提甜蜜的感覺。

去年下半年，他升職了，被派去波士頓培訓半年。在那半年裡，我本以為沒有他陪我，我會很難渡過，其實也就剛開始那段時間而已。他剛去波士頓時，我們約好每天都Skype，後來發現，每次都是聊不了兩句就無話可說，後來聊天的次數就減少了，頂多也就是一天一封簡訊互相問候一下。

今年春節前，他從波士頓回來了，我並沒有幫他準備太大的驚喜。他說我變了。我變了嗎？我不知道。那他變了嗎？從波士頓回來後，每天他都有忙不完的工作，不再像以前那樣陪我說說心裡話，假日也不陪我出去玩。下班後他寧願和他那些朋友去打球，也不願早點回家吃我精心準備的晚餐。久而久之，我也懶得迎合他了。他玩他的，我玩我的，互不干涉。表面上我們都有自己的私人空間，其實是我們的感情已經淡了……

夏博士，有時我會回想，當初我們熱戀的時候多幸福、多甜蜜啊，可是現在，我們可以一天不說一句話，他不理我，我也懶得主動說。有時我凌晨一點去洗手間，還看見他在打遊戲。以前我還會說他，現在我都懶得說了。

夏博士，我也知道，即使換伴侶，再過幾年，還是會和現在的情況一樣。可是，看著淡如水的生活，我感覺很乏味。我不知道該堅持下去，還是放棄？

Judy

親愛的Judy：

難怪你要求助了，從你的問題就看得出來你不痛苦才怪，因為你的問題裡只有「繼續錯下去」或是「放棄」，你忘了加一個選項，改變。這樣子答案就很明顯了吧，你並不是痛恨你老公想要離開他，你只是不想乏味過下去，那怎麼辦？只剩下改變了，但是改變不見得很輕鬆，可能會遭遇阻力，到時候如果情商和逆商不夠高，畫虎不成反類犬，關係越搞越差，還不如現在白開水般的感情關係。

兩個人談了多年戀愛，不管有沒有結婚，在一起久了，你認為戀情會跟一開始一樣？還是會發生改變呢？答案當然是會改變，因為人是會變的，世界上唯一不會變的是改變，或許你會舉證有些人可以保持不變，那麼我只能說你看事情太表面了，我可以保證在你所謂的不變背後，他們付出很多的努力，這也是你要學習的目標與方向。

兩個人感情談久了會有什麼改變呢？

熱度的改變。所謂「情人眼中出西施」，戀愛中的男女處於熱戀期，相互愛戀，這時彼此的寬容度大增，即使對方有缺點也不放在眼裡，甚至根本看不到對方的缺點，等到關係確定下來，熱度消逝，膨脹的心胸開始縮小，被矇住的眼睛變得雪亮，於是缺點像雨後春筍般出現，彼此開始細數對方的缺點，感情開始變質。

個性的改變。交往時間久了，男女會漸漸發現對方變了，不再那麼愛他，以前會做的事現在都不做了，開始做一些本來不會做的事。的確，對方是變了，但不是變得不像以前，而是變回原來的自己。人為了得到自己想要的東西，通常會千方百計為達目的而不擇手段。熱戀中的男女，為了博取對方的好感或最終得到對方也會如此。庇蔭在愛情的名義下，等到關係確定下來，也就不必再偽裝自己（在熱戀中可能自己不認為有任何的偽裝），於是開始恢復本來面目，雙方都如此，雙方都覺得「怎麼會這樣」。

成長的改變。人是會改變的，無論是單身，還是跟異性交往的時候，二十歲、三十歲、四十歲，肯定都不一樣，一直都在持續地改變著，何況是兩個人同時都會改變，所以戀情產生變化也不足為奇。反而，如果兩個持續在變的人，還能維持一貫的戀情，便是難能可貴。所以說「感情是需要經營的」，感情好的伴侶一定是努力得來，不是與生俱來。

關心度降低。對於對方的一舉一動不再那麼關心，不是說真的不關心，只是習以為常，即使知道了也沒有那麼緊張，如果對方期望值不降低，不理解這是正常的現象，那麼就會開始有「被冷落」的感受。

相處時間減少。以前總是希望天天見面，巴不得每分每秒都可以在一起，熱戀期，愛情是最重要的，但是當關係穩定後，工作和

自己的自由空間也變得非常重要，所以關於兩人的事現在一比就被比下去了，還是忙自己的事要緊，不論是公事還是上網。

性生活頻率降低。有時工作忙碌筋疲力盡而有心無力，有時是因為愛變淡了，女人是愛的動物，愛變淡了，自然就提不起興趣。男人是性的動物，如果提不起勁，那真的是淡了。性對夫妻的情感調劑與連接有著舉足輕重的功用，性生活變少，情感必然趨向索然無味。

這些改變會讓感情變淡，所以要保持感情的濃度就是要不斷添加新鮮感。那麼怎麼做才能讓愛情保持新鮮？

避免頻繁接觸或不接觸。既然叫「新鮮感」，那就一定要保持一定的距離及接觸時間，所謂「感覺疲乏」，感覺包括視覺、味覺、嗅覺、聽覺、觸覺，一個人被相同的感官刺激久了，就會產生疲勞，自然就失去了新鮮感。而不常接觸的人卻要盡量抽出時間在一起，共同從事一些娛樂或活動，才能讓「感覺」活絡，就像一缸水放久了就變成死水，裡面的氧氣都沒了，要養魚都很難。

刻意製造浪漫驚喜。一碗湯如果沒有味道怎麼辦？那就加鹽巴啊！這麼簡單的道理，若不去做，那就不要怨天尤人。在生活中刻意製造浪漫驚喜，對生活的情趣有畫龍點睛的效用，有助於保

持新鮮感。對男人而言，男人不見得在乎「浪漫」，所以女性要製造的是「興奮點」，也就是會讓男人開心的事，不要製造浪漫然後對方不領情，自己又傷心或氣個半死。

用心經營生活。感情需要經營，生活也需要經營，這也是我之前所指的，你看見所謂依然濃烈甜蜜的「不變」感情，一定是雙方投入很多磨合與改變、努力與付出才能保持這樣的結果。你可以檢視一下過去一個月到一年內，做過哪些有益於婚姻生活的事，根據你的說法，相信你只是在過日子，愛情的消逝自然不在話下。你很納悶地問別人「怎麼會這樣，怎麼辦」？事實上，根據你的所作所為會發生這樣的事很正常，你們真的有做經營與改變婚姻的事，你們會走到如此地步我才納悶呢。那怎樣才能改變呢？那就是「學習」，多看書、上課、請教別人，不斷學習、不斷實踐，最後才會有你想要的成果。

天下沒有白吃的午餐，甜蜜的愛情關係是要靠雙方努力爭取，而不是天上掉下來的，不想讓愛情變成白開水，那就加點料吧！好好去經營，切記，不要要求對方為你改變，而且馬上就改變，一定要從改變自己開始，然後影響對方，這樣才有成功的可能！

夏東豪

男閨蜜的界線

> 如果不能把持純友誼界限，請不要玩火。
> 男閨蜜對你好，沒錯，你欣賞他，ＯＫ，但是你心動了卻推託只是朋友，就錯了。

夏博士，這兩天我有點忐忑，因為，老公好像發現了我有男閨蜜。僅僅是男閨蜜而已，我們之間從沒有做過什麼越界的行為。

我跟Owen是在一次展覽上認識的，後來因為工作的關係經常聯繫，兩人很聊得來，很快就成了很好朋友，當然，只是朋友，因為他有相戀四年的女朋友，而我也有老公。

不論發生任何事，我第一個會想到告訴的人是Owen。Owen和我老公同年，卻對我有不同的態度。我老公很嚴肅，總喜歡教訓我，奇怪的是，在Owen眼裡我做什麼都是對的，只要是我決定的事，他一定舉雙手贊成，還會為我出謀劃策。上個月我們公司要承辦一個時裝SHOW，我是主要負責人，為了增加這場SHOW的知名度，Owen幫我想企劃，還動用了他的關係幫我聯繫了很多名人和

媒體，最後SHOW很成功，迴響很大，總經理大大表揚了我，還給我加薪升職。我很開心，Owen讓我體驗到了事業成就感，我很感激。

Owen是個天性樂觀的男人，他總是開玩笑說他是我最好的心理諮詢師。他不但能看透我的心思，而且知道哪些該說，哪些不該說。當我不開心時，他會安靜地陪在我的身邊，仔細聽我訴說與埋怨，時不時講出一些很有道理又輕鬆幽默的話，漸漸地，我的不愉快也就煙消雲散了。

面對Owen，我可以講一些不能跟老公講的話題，也可以哭訴老公及他家人帶給我的任何委屈，因為是知己，每次他都會站在我的角度分析，在我被傷害時給我安慰。而他偶爾也會向我傾訴一些他的煩惱，會在決定某件重要的事情前徵詢我的意見。

我和Owen一般都是週一到週五上班時間聯繫比較多，下班後和週末，我們很少去打擾對方。上週六晚上，因為無聊，我在家上了MSN，剛好碰到Owen在線上，就跟他聊了幾句，沒想到一聊忘了時間，老公從隔壁書房過來時，我還欲罷不能，老公說：「你聊得很開心啊。」我一緊張，說：「啊，是同事，我們討論工作的事情。」老公沒說什麼，我卻忐忑不安，趕緊關了MSN，洗澡休息。

最近，我總感覺老公對我怪怪的，說話冷嘲熱諷，難道他發現Owen了嗎？有時我想，發現就發現吧，反正我們是清白的。但有時又想，像老公疑心病那麼重又敏感的人，會不會有一天因為這件事發神經？

夏博士，有時我也會想，男閨蜜是很危險的關係，稍微向前一步，就會失足出軌。但我一直覺得自己控制得很好，我也不可能為了Owen而放棄這個家，甚至跟老公離婚。有時我也不知道，自己對Owen依賴，算不算是愛？還是只是習慣而已？一旦失去Owen，我會不會比失去老公還要痛苦？

夏博士，我的生活需要男閨蜜嗎？

Valentina

❖

親愛的Valentina：

人們常說，人生得一知己足矣，可見知己的難得與重要。何謂「知己」？照字面解釋，就是「知道自己」的人，那麼為什麼不從最親密的人去發展知己呢？因為人有情緒，特別是負面情緒的時候，會有傾訴的需求，在心理學上，找人傾訴的確可以緩解及發洩情緒。但是通常引起自己情緒的人，恰恰都是親密的人。既然對方是造成自己情緒的人，又怎能向他傾訴情感及安慰呢？所

以這時候，通常需要向第三方傾訴，有時甚至需要第三方的肩膀或懷抱依靠一下，而能接納你所傾述一切的第三方，就是所謂的知己。

但是第三方的立場是必須中立的，不會影響到傾訴者。例如媳婦與婆婆起了爭執，但是媳婦某些狀況下無法跟丈夫傾訴（可能丈夫始終認為這沒什麼，只要妻子忍一忍就好，或者丈夫完全站在婆婆那邊，幫自己的母親說話，指責妻子的不是）。所以，像這種有關係牽連的人不是最好的傾訴對象，也就不會是知己。站在傾訴的角度，每個人都需要個知己，知己不但要會傾聽、安慰，還要提出建議，這樣的知己讓人溫暖、被肯定。

每個人都有需求，這些需求都有被滿足的欲望，不是說今天某個需求被滿足了，從此就幸福了。在某個需求被滿足後，人們就會尋找下個需求並且想辦法滿足它。所以人們有了吃住的地方就想有工作，有了工作就想變有錢，有了錢就想要有權，有權力想要變年輕漂亮，變年輕後想要成名，成名後想要完美的愛情，有了愛情又想要孩子，然後又想要旅遊、想要實現夢想、想要更有錢等等，欲望會不斷地衍生出來，人們就不斷地去滿足。情感生活有時也是這樣，有時候我想要的溫柔情人沒有，想要的讚賞父母沒有，想要的陪伴親人沒有，想要的理解周遭朋友沒有，於是希望能找到一個人，能給我這些想從某人身上得到卻沒有得到的東西，終於有一天，有一個人可以給我，我把他當成最親密的朋

友，無話不說，我的心靈得到了安撫，這個人就是我的知己。

綜合上述，知己是一個很好的角色，對人也產生很大的正面作用，通常這種知己可遇不可求。朋友可以交一大票，但真正能講心裡話的，寥寥無幾。每個人在成長的過程中，總會有那麼幾個好朋友、好姐妹、好兄弟，可以相互傾訴、相互支持，最終成為了知己，這些是同性的知己。男的便是男閨蜜。

Valentina，有人說兩性之間沒有純友誼，主張這句話的人只能證明他們沒辦法擁有純友誼，但不能證明別人沒有純友誼。如果你問：「我該不該有男閨蜜？」答案是，「當然可以！」但是問題若改成，「我該不該有個吸引我、讓我有依靠、每次跟他交流他總是為幫我否定老公的男閨蜜？」如果問題變成這樣你還會答不出來嗎？答案當然是否定的。所以男閨蜜不是問題，他對你很好也不是問題，問題在於你對他的感覺以及他對你生活所帶來的影響。

俗話說得好：「能力不夠，就不要強出頭。」如果不能把持男女純友誼的界限，那麼請不要玩火。男閨蜜對你好沒有錯，你欣賞他也沒錯，但是你對他心動了卻還是繼續交往那就錯了。也就是說，如果你能調整心態，只把男閨蜜當作傾訴的對象，甚至不帶感情只把對方當作聽筒，那麼，你可以繼續擁有這位男閨蜜；如果你無法做到，那麼請結束這段關係。當然，要斷絕這段關係可

能會讓你很痛苦，但是想要有所獲得（一個穩定幸福的家庭），就要有所付出（失去的痛苦），如果你不想付任何代價，就像生病了怕痛不敢打針，那麼以後你將付出更大的代價。

很多事情是一體兩面，很多人只看到一面而看不到另一面，或者即使知道也不願意去面對它。你之所以會傾心於男閨蜜，說明你和老公的情感出現了問題，不見得是很大的問題。表面上你們沒什麼大問題，但是這可能是你犧牲自由換來的。而這樣存有問題的婚姻，情感不夠親密與幸福，所以遇到外來的挑戰時，心很容易就動搖，想要對男閨蜜免疫，自己的感情婚姻要有非常扎實的基礎，要有足夠的幸福感。至於如何創造幸福感？要經營，要去正視問題的所在，找出解決的方法。但是很多夫妻像你一樣，看到婚姻存在問題，雖然也曾試著溝通，希望有所改變，但是對方不買帳，於是只好任由問題存在。

會游泳還需要游泳圈嗎？Valentina，如果你能把焦點放在好好和老公創造幸福關係，還需要男閨蜜嗎？這是解決問題的最好途徑。如果實在達不到目標，需要一個知己談心也無可厚非，最好找個同性的知己比較安全，如果硬是要找異性當知己，那就保持一顆自律的心，好自為之吧！

夏東豪

花心老公 VS.異性緣好

花心老公怎麼管？
1.用愛抓住他的心；2.理性溝通；3.哀兵政策；4.擾民策略；
5.恐嚇威脅。

夏博士，我的老公異性緣真是太好了。

他從小到大都是學校的風雲人物，會彈鋼琴，會唱歌，校草級的人物，家世也不錯。每次學校晚會不論表演節目還是當主持人，台下的女孩子都為他尖叫。追他的女孩子不計其數，其中不乏超級美女、富家小姐。我們是在一次聖誕節聯歡晚會上認識的，之後一直交往至大學畢業，覺得相處愉快就結婚了。

畢業後他進入一家外商做企劃，我則到國中當老師。我們一直都給對方留有空間。我有談得來的男閨蜜，他也會有他的女閨蜜，我們互不干涉，剛開始幾年倒也相安無事。但最近我總覺得不太妙，讓我有點心煩。

他最近每天晚上都在玩臉書，已經持續半年了。我發現他的臉書都

是女孩子留言，半夜三更還有女生發簡訊，他解釋說是工作上的事情。剛開始我也沒有太在意，可是後來覺得不對勁啊，怎麼睡覺前都要發簡訊討論工作呢？為什麼不能上班時討論呢？有幾次我不小心看到簡訊內容，都是說一些跟工作無關的事情，比如，「今天我心情不好。」「晚上在幹什麼？」「告訴你一個祕密。」這也太過分了吧。我每次跟他攤牌，他總是一笑而過，說只是工作上認識的廠商或朋友，聊聊天也很正常，難不成叫人家不准聯絡，這樣子叫他怎麼做人，而且他覺得廣結人脈也沒什麼不對啊。有一次已經是晚上十一點多了，他還在聊天，我一生氣就把手機搶過來作勢要回播問個究竟，為什麼這麼晚了還要來騷擾我老公。那次他萬般阻撓，最後我才忍住沒有打過去。

但是經過那次之後我覺得自己元氣大傷。突然間，我覺得嫁一個這樣的老公好累。帶出去參加聚會時很風光，萬人矚目，但同時敵意和嫉妒也盡收眼底。夏博士，你說我該怎麼辦？我都快招架不住了……

如果我管他只會爭吵，但是不管他，我也怕情敵會擄走老公的心，我怕再這樣下去我們的感情會出現危機。怎麼做才能讓眾多的情敵知難而退，管住我的花心老公，守住我們的愛情呢？

Sunny

親愛的Sunny：

你知道嗎？你的話裡包含了自我矛盾和不自覺，你覺得你老公是個花心男，請問你：「你的老公到底花不花心？」如果他真的是的話，我是指真的與女性發生一些有的沒有的事情，那麼你應該早就受不了了，早已以淚洗面，而不是煩惱地問人該怎麼辦。所以你老公只是「看起來」花心，而不是「真的」花心，否則你的問題就會是外遇、小三這一類的了。

除了真正花心的男人，其實很多女人都「覺得」老公花心，通常只是憑感覺而不是親眼所見，這些都是模糊地帶。如果戴著有色眼鏡去看，那麼老公與異性的一些舉動也會變成花心的證據，所以我們要先排除「真花心」的可能性。

女人常以為老公花心的原因有哪些呢？
同理可證的想法。花心男喜歡看別的女人、會跟女性出去，所以喜歡看別的女人、會跟女性出去就是花心男。「食色性也」，男人本來就喜歡看女人，尤其是長得好看、身材好、穿得少的女人，這是一種天性，就像女人喜歡包包、珠寶，不能因為女人愛看珠寶，然後就斷定她是奢侈勢利的人。

愛與異性約會、聊天就是花心。所謂「男女搭配，幹活不累」，異性本身存在一定的吸引力，所以跟異性在一起，可以享受到同性間所沒有的興奮感，即使女性與男性出去也會有同樣的感受，

所以很多人是享受這種感覺而不自知，於是經常會與異性在一起，但這並不代表有曖昧關係。有時候女生覺得男友或老公花心是因為嫉妒，嫉妒是出於沒自信，或者不信任對方。

疑心重。疑心就是對方不信任對方，一旦不信任產生，任何地方都是花心的模糊地帶；沒有疑心，就算被蒙在鼓裡也不知道。或許有人會說，「萬一我的懷疑是真的怎麼辦？」雖然這句話就像「我不要坐車，萬一出車禍怎麼辦」一樣無法保證，但這只證明說這句話的人心理有問題。不管懷疑是否會成真，但是這種心態代表「關係出現不信任的危機」是事實，必須先處理，否則會破壞和諧的關係。

女性可以從改變自己的心態開始，同時，為了讓兔子不吃窩邊草，不讓花心的老公付出行動，就必須進行合理的溝通與要求，畢竟婚姻是兩個人的事情，愛情和完全個人自由是衝突的。要有和諧的關係，就要適時顧及對方感受而改變自己，如果有人想談戀愛還保持自我不做任何的改變，那肯定是痴心妄想。

所以面對有「讓老婆覺得花心」的老公或真的往這方面發展的老公，想要改變他或管住他可以用以下的方法：

用愛抓住他的心。當你抓住一個男人的心，他自然會降低與異性活動的欲望，就算會有，那也就真的像他所說，只是工作或朋

友關係而已。如何抓住男人的心呢？首先，**讓他感受到愛**，用他感受得到愛的方式對待他，他喜歡被肯定就經常肯定他，他喜歡自由就給他空間，他喜歡收到禮物就送他東西。當他從你身上不斷感受到愛，他想不愛你都難。其次，**替他設想**，幫他做事，比如他父母及重要的人像老闆生日，記得提醒他，甚至幫他買好禮物，他一定覺得沒有你不行，因為你會把事情都安排好。再則，**關愛他身邊的人**。所謂愛屋及烏，你愛他所愛的人，他一定能感同身受。

理性溝通。遇到這樣的老公，批評指責只會加強他的抗拒，把他推得更遠，他不但不會停止，還會變本加厲。所以一定要用理性的方式溝通，不帶情緒地表達意見，這樣他才會看到你的「善意」。人都喜歡趨向善，你越善，他就越趨向你。

哀兵政策。讓他看到你的心痛，讓他知道你的痛苦，但不要加重他的負擔。只要你不展現憤怒，他就沒法抵抗，你的痛苦就會在他的心裡慢慢發酵。如果他愛你，他就會因為在意而改變他的行為。

擾民策略。你一哭二鬧三上吊，男人看見就怕，如果他是個怕麻煩的男人，那麼他寧願待在家裡安分守己，也勝過惹得一身麻煩。

恐嚇威脅。明示他花心所要承擔的後果，並一一列出要承擔的事項，越嚴重越好。

後三種方法是用來預防用的，並不是解決問題的根本方法。第一種方法，才是建立起互信、互愛、互相尊重的方法。

除了以上這些，還有一件事可做，以上的辦法有你老公的參與，所以成敗是要靠兩個人的努力，但這個辦法不需要你老公，只要你做好就會成功。這件事就是把焦點放在自己身上，不要生氣、哀怨或愁苦（相信你也不會想要親近這種負面情緒的人），這樣的女人只會讓男人覺得外面的女人更有吸引力。要好好愛自己，把自己打扮得漂漂亮亮，舉手投足充滿自信、魅力，活得快快樂樂的，讓自己成為大家都喜歡的「萬人迷」，而不是成為只喜歡老公的人。這樣一來，老公不被你吸引才怪，他不但不花心，還要緊盯著你。

你可以開始嘗試以上的方法，沒有任何方法可立竿見影，要持續地付出努力，堅持做到底才行，相信你一定會如願以償。

夏東豪

愛情失衡，疑心病就來了

> 愛是相互的，為愛付出便會要求回報。雙方的愛與回報是一種
> 平衡，如果不平衡，就會造成其中一方的不滿。

夏博士，我是不是瘋了？是不是愛老公愛得失去理智了？

我們是大學同學，那個時候他並不引人注目，我們兩個也沒什麼化
學反應。幾年後，別人介紹我們認識，一坐下來就一拍即合，當年
學校的一幕幕不斷閃現。結果，我們談了轟轟烈烈的戀愛，最後辦
了一場風光體面的婚禮。

雖然讀書的時候，老公並不是那麼出類拔萃，但是男人隨著時間的
洗禮，會越來越有男人味。在我眼裡，婚後的老公不但不平淡，反
而越來越有魅力。他對我很好，每次出差總是打電話傳簡訊報行
程，出門也常常買禮物給我。不管是和客戶吃飯還是朋友聚會，他
總是主動報行蹤。晚上十點之前一定回到家。

外人看來我們應該是恩愛的一對，但是我的內心總是無法控制自己亂七八糟的念頭。夏博士，我總覺得他在外面有小三，而且這個念頭讓我很痛苦、很糾結。我常常偷看老公的手機，檢查他所有的通話記錄和簡訊，我有他的信箱、臉書、微博的帳號與密碼，我還曾經偷偷跟蹤過他，結果什麼也沒有。

夏博士，我不知道自己是什麼心態，也不知道自己想證明什麼。目前看來，沒有什麼小三線索，我的心情居然很落空，而不是覺得安慰，但是我也不希望他真的在外面有了什麼。我不知道是在哪裡看到的，「作夢時說的話是真的」，我居然信了，還真的堅持了一個禮拜晚上不睡覺，就等著老公說夢話，等著問他是不是外面有小三。

朋友說是我太自卑了，但說實話我的條件也不差啊。我在公司也是部門主管，但是我不知道我做事這麼俐落，怎麼面對老公會這麼疑神疑鬼？因為我的疑神疑鬼，有時還跟老公吵架，我好痛苦啊！

那天我人在外面，看到私家偵探的廣告，我竟然記了下來。當我撥通電話，對方接起來的一瞬間，我突然覺得良心受到極大的譴責，於是趕緊掛了電話。

夏博士，這樣下去我真的要瘋了，但是我就是控制不了自己啊！我也知道這樣毫無根據地懷疑、無理取鬧是錯的，但我就是無法控制

這麼做。我是不是有病啊？請您幫幫我！

May

❖

親愛的May：

雖然我們都希望得到無私的真愛，但意味著我們也要做到，但是在現實社會中這是不太可能的，或許親情會有那種只付出不求回報的愛，但是愛情是相互的，在愛情裡付出的努力是要求回報的，否則得不到一方就會認為對方不愛了。而這種雙方的愛與回報是一種平衡，如果不平衡就會造成其中一方不滿。

然而對某些人來說，即使是對等的付出與回報，還是不滿，收到的回報必須多於付出方，才會滿足，如果是這樣，代表他心中有個不平等的磅秤，要靠外在的不平衡才能讓他內在的天秤平衡。這種不平衡就會造成對愛情產生強烈的占有欲，或者強烈需要從對方身上取得安全感，而他們的標準往往超出一般情侶的需求。

愛情是自私與占有，在愛情裡雙方都希望對方只屬於自己一個人，不可和他人分享，於是他會注意對方是不是有些「不正常」的舉動，而這些不正常舉動是否表明他的心有「不屬於我一個人」的跡象，如果有的話，我就必須捍衛我的領土，做出一些措施與舉動，禁止這樣的事情發生。你現在就處於這種狀況。你很

愛你的老公，你認為老公屬於你一人，一開始的時候你還不是很在意，因為年輕的時候，大家都是純純的愛，不會想太多，但是隨著畢業進入社會，了解一些社會現實層面，知道社會充滿了許多誘惑，你的老公也在歲月的洗禮中越發成熟，所以你發現你越來越愛他了，但是同時也代表他魅力也越來越大，因此你擔心會有別的女人勾引他，或者是你老公自我感覺優秀，或受到社會不良風氣影響，喜歡上別的女人，所以你現在非常擔心會失去他，而這種擔心被你過度放大，導致你心存懷疑，幾乎到無所不疑的地步。一般正常的情侶，如果對方出現不同於平常的行為舉止，會因此產生懷疑是正常的，但是即使老公的行為舉止和平常沒什麼不同你都會懷疑，那麼，問題不在你老公身上，而是出在你身上！

或許很多人一看到你這種情形就會認為那是因為你沒有安全感，對自己沒有自信！是的，從心理學的角度而言，的確如此。沒安全感或沒自信，一定是在你結婚之前，甚至談戀愛之前你就是這樣的個性，只是沒有遇到愛情，所以問題沒有機會顯現出來。直到後來遇到了情人，問題發生。如果要完全解決問題，有時必須追溯到源頭，找到你為什麼沒安全感的真正原因，把它解決才行。就現在而言，至少你還知道你這樣的行為是不太正常的，如果教你一些方法，堅持並努力去做，成功的機會很大，不像有些人，不認為自己的懷疑是錯的，而把問題都推到對方身上，就很難改變了。

May，你現在最大的問題是，知道自己這樣不太對但是又控制不住，如果你坐雲霄飛車沒繫安全帶，是不是很沒安全感？在現實生活中，鞏固感情的工具就是安全帶，所以你要做些改變來鞏固你和老公之間的感情，而不是推遠。

首先，你不可以再看老公的私人訊息，一旦你手裡握有密碼，就像毒品放在吸毒者面前一樣，很難控制不吸食。我們都知道，要戒除吸毒，一定要遠離毒品，即使毒癮發作，也不可以因為患者有情緒就給毒品，這樣只會害了他。你已經知道自己是不對的，如果只有想法還好，但是還付諸偷看的行動，只會增加你的自責與矛盾，所以叫你老公把密碼換掉吧！

其次，每當你懷疑的時候，證明你的擔心又回來了，你要的是安全感，你之所以查他的東西，無非是想要確認沒有任何問題，從而感到安全。但是你忘了一件事，要滿足安全感，偷看並不是唯一的方法，就像有人打孩子，你問他「為什麼要打孩子」，他說「為了孩子好」，但是為了孩子好難道就一定要打孩子嗎？你想要安全感就去跟老公要安全感，你可以跟老公說：「老公！我現在沒安全感的感覺又來了，你可以安慰我一下嗎？」注意，是「我沒安全感的感覺又來了」而不是「我沒有安全感」，前者的說法是告訴你老公，那是你的一種感覺，問題出在你，你需要幫忙，這樣他會欣然幫助你。但是後者的說法是代表有問題的人是老公，是老公造成的，老公就會抗拒，老公越抗拒你就越沒有安

全感了。

May，朋友說你太自卑了，你說你有很好的工作又是主管，一點也不自卑啊！其實你的朋友說得沒錯，在心理學上，自卑分很多種，在工作上有自信的人，在愛情裡不見得自信，一個人的自信不是一個整體，是可以細分的。由此可見，你在愛的情感上是自卑的，如果要探究，可能要研究你的過去，並且對症下藥才能解決，我無法確切地跟你說你的問題在哪裡，不過，有一個通用的方法值得一試，那就是找個獨處的機會，找面鏡子看著自己，然後不斷地說「我愛你」，說「我愛你」的時候，必須真心，要真的感受到有愛的感覺，不可以只是嘴巴唸唸。這種練習可以幫助你增加你的自信。

除此之外，不要把焦點全部放在老公身上，你要為自己而活，你應該要有自己的興趣、嗜好、朋友，生活的唯一目的是要自己快樂，這可能會跟你的想法起衝突，因為你認為你的生活就是要讓老公快樂，這種想法並不完全正確，你的確可以讓老公快樂，但是不應該架構在犧牲自己的基礎上。你可以部分讓老公快樂，但主要精力還是讓自己活得快樂，讓自己散發出耀眼的光和熱，到時你就會發現擔憂不見了，或許會換成你老公擔憂了！

夏東豪

天哪，我的老公會家暴！

> 家暴者無法面對與處理自己的情緒，使用暴力發洩，或者用暴力來控制局面。

夏博士，我和 Arno 是在國外渡假認識的。他是一個很有氣質的男人，文青的激進個性顯得很有想法。在認識他之前，我的感情生活一片空白，從來沒有男人像他這樣熱烈追求。他的真誠打動了我，我幸福地答應了他的求婚。

婚後不久我就懷孕了，醫生說我身體不好，為了養胎，我辭去工作在家安養。本以為從此可以走上幸福生活的殿堂，他的第一次家暴讓我的心跌到谷底。那時恰巧他老家來了一位親戚，他興致勃勃地帶我見親戚。我雖然身體不舒服，那段時間我的害喜現象很頻繁，經常嘔吐，但還是勉強去見客。但是，我因為跟客人不熟悉，加上身體很不舒服，沒有好好招待客人，讓他很不高興。回家後，他便斥責我沒有教養，看到客人連微笑都不會。我一生氣就說：「我挺著大肚子去見你的親戚，已經夠給你面子了，你還要我怎樣？」他火大竟然搧了我一個耳光，嘴裡還振振有詞：「我沒好好教養你，

記住了，我現在是替你父親教育你！」

有一次晚餐，我一不小心掉了一塊鴨肉在飯桌上，就順手扔掉了。他一看很不高興：「你怎麼浪費食物呢？這麼沒教養！」我反駁他：「不就一塊鴨肉嗎？這跟教養有什麼關係？」兩人你一句我一句地爭吵起來，他還逼著我吃掉那塊鴨肉，我堅決不吃，因此招來了一頓拳腳，直打到我口吐鮮血他才肯罷手。那時，我已經懷孕六個月了。就這樣，我們在激烈爭吵的生活中生下了一個可愛的女兒。那時，我還天真地想：Arno很喜歡孩子，有了女兒我就不會再挨打了。

一天深夜，女兒突然哇哇大哭，住在另一間房的他開門進來看見我沒起床抱孩子，他一摸孩子的額頭發現孩子發燒了，抱起孩子的同時，他一腳把我踹到床下。

那次之後，我沒有將拖鞋放在鞋架上要挨打；花錢沒有經過他同意要挨打；抱小孩下樓玩得時間太長也要挨打……

我曾經提過離婚，但他一直不同意，我也就沒再堅持。

唉，夏博士，有時我會想，我不能離婚，真的不能！離婚對我來說就是一個家被毀了！小時候我一直覺得自己沒有一個完整的家庭。我的父親脾氣不好又經常酗酒，母親每次抱怨就會遭到父親的一頓

打罵。父親對我特別嚴厲,小時候我動不動就會被打。印象中有很多個晚上,父親喝醉了將我推出家門,那時候我還小,沒地方可去又害怕,母親也不敢出面阻攔。是的,家對我來說很重要。在我認識Arno之後,覺得可以和他共組一個家庭,我對他的感情還是很深的。然而,每次和他爭吵,他都使用暴力,我當時只有怕他離去的念頭怕失去這個家,所以每次只能下跪祈求來應對他的暴力。我相信他也是愛我的,他和我說過他只是一時控制不住。他說他小時候經常看到母親被父親毒打,內心很痛恨父親,長大後極度討厭男權主義,他說他也不明白從小挨打為什麼長大了會動粗,他還是希望能和我好好過生活。

夏博士,請救救我吧!我不想再這麼痛苦下去。

Estella

親愛的Estella:

縱觀人類的歷史,就是暴力寫成的歷史,雖然每個階段還是有一些短暫的和平日子,但是這裡是指一個國家,即使在看似和平的國家裡,或許邊界正在進行戰爭,暴力犯罪層出不窮。而其他的時代,戰爭是人類歷史上從未停止的事件,即使到了二十一世紀,大至國與國之間如中東無止境的戰亂、世界各國黑幫的火拼,小至群毆事件、兩人惡鬥等也從未停過,看似人類的暴力因

子是永難磨滅的。

人為什麼要有暴力？答案很簡單：「為了解決問題！」解決問題一定要用暴力嗎？當然不一定。可以用其他的解決方法嗎？可以。那為什麼不用其他方法呢？因為沒效，只好用暴力了。為什麼其他方法沒效？一定是其中一方對另外一方要求，希望他去做什麼或不要做什麼，但是他不願聽從指令，所以只好訴諸暴力，因為暴力是最好的解決辦法，盡管它不合理也不合法。

這種情況大都發生在較大的組織，例如國家、族群等。還有一種情形是，不管你錯或對，只要你惹到他了（你只是碰了他一下，或者說了不帶任何批評的話），他就對你施加暴力，這時候已經不是為了要制止或教育，而是教訓、懲罰，當然懲罰完後也是要讓你知道你這樣的舉動是錯的（對他而言，或許在別人眼裡你完全沒問題）。這種情況大都發生在個人，有人會說這種人有暴力傾向，就結果而言的確可以這麼說，但是真正的問題在於他們不懂得面對與解決問題，或不會處理情緒，而導致採取暴力的手段。

在家庭暴力裡，暴力者無法面對與處理自己的情緒，所以他會把暴力作為一個發洩的方式，用暴力來控制局面。你的老公是屬於發洩型的家庭暴力，其實這種發洩型的暴力方式也可以在某些家長的身上看到，也就是當孩子犯錯時，家長就直接打，一方面是

處罰，一方面是讓他下次不敢再犯。但是他們忘了一點，他們可以先跟對方說教或警告，如果下次再犯才打，但是他們卻情不自禁先打再說，那是因為他們心胸狹窄，不容許對方犯錯，如果犯錯，他們就很憤怒，而且不是普通的憤怒，他們完全無法控制憤怒，那就得發洩出來，所以使用暴力將發洩這股能量。

為什麼他們心胸那麼狹窄，容不得別人犯錯呢？其實是對自己的一種投射，通常這種暴力者內心都很自卑，有時外表看不出來，他們總是一副很強勢的樣子，那也是因為他們必須這樣，他們一受傷就很痛苦，所以要強勢保護自己不受一絲傷害。他們對自己不滿但是又無法做到完美，所以只好把完美的形象投射到情人身上，情人必須是完美的、不可以犯錯，情人犯錯就等於完美的自己犯錯。如果今天換作是你，你已經事先交代老公「不要穿上班穿的褲子睡覺」，他在明知你會生氣的情況下還穿，你會不會生氣？雖然你老公沒有真的事先跟你說要照顧客人、什麼事情不可以做、什麼事情該怎麼做，但是事實上在他的內心已經對你做了要求，他的要求就是「完美」，既然完美，你就應該知道該怎麼做，既然知道什麼該做還做錯，他當然生氣。

每個人都會生氣，但是不是說生氣就一定要使用暴力！有人說「暴力是無能的表現」。只有實在沒有辦法了，認為自己無能為力時才會使用暴力，試想，如果你面對難題，你試了一個方法沒用，但是你心中還有很多錦囊妙計還沒試，你會生氣嗎？你會使

用暴力嗎？不會，你只會像孔明一樣，心平氣和地以扇拂面，安然地將妙計一一使出來。有些人說暴力者是不是受家庭的影響，我只能說是，但不是絕對。也有人小時候被父母打，但長大後自己不打孩子。今天不能單純地說，被打大的孩子長大後不打孩子是他的功勞，而長大會打孩子就是父母害的。父母打孩子固然不對，但是也要看孩子本身的個性和素質，所以父母要控制自己的行為，以免對孩子造成不良的影響。

你說你老公的父親也是家暴者，但是你老公很痛恨他父親這樣做，自己怎麼會也使用暴力呢？一種可能他是被打或看見媽媽被打的怒氣長期壓抑沒有釋放出來（以前無法打爸爸，現在不想打爸爸），所以現在只要他一動怒，他這股積壓已久的怨氣就會爆發出來。另外一種可能是，雖然他意識上討厭爸爸的做法，但是潛意識卻接受這種暴力解決問題的方法，因為他從爸爸身上學不到其他方法，所以他一動怒，他沒有任何可用的方法，只能用他看過有效的方法。

一旦開始使用暴力，除非他意識到自己有問題，還願意改變並且經歷一個改變的過程，否則只是「知道」我不該這樣，或者「答應」我以後不會這樣，都是有可能再犯的。就像有毒癮、賭癮的人，他們說要戒掉時是真心的，但他們控制不住。所以你必須離開你老公或者請他離開，不要與他同居，請他尋求專業人士的幫助，解決他的暴力行徑，等他真的好了，才可以復合。如果你

認為你可以和他住在一起幫助他改變，那你就是與狼共舞的神經病。狼就是會咬人，你待在牠身邊牠怎能控制得住？如果之後他好了，你便少了傷害，如果他改不了，你可以選擇放棄他，或者維持分居，至少不會對你造成無法彌補的心理創傷。這種方法不是離棄他，相反地，這是一種堅定的愛、真正幫助你們關係的愛，請一定要堅持。藥方已經開給你了，你不去做就沒人能幫你了。

夏東豪

男
閨蜜
bro
meo

愛的癌症：
出軌與背叛
PART 4

出軌、沒出軌，一樣犯了錯

> 一段關係永遠是兩個人的事情，沒有絕對百分百只有一方的
> 錯，雙方鐵定都有一定的問題。

夏博士，我經歷了一場噩夢，夢醒了，很累……

我老公出軌了，雖然他現在又回到我和兒子的身邊，並且每天挖空心
思討我和兒子的歡心，開始主動做家事，經常帶我們出去玩，但是，
我還是覺得很累，很糾結，一想到他曾經出軌，一想到他和小三曾經
糾纏不清，我就很痛苦，不知是否還該相信曾經背叛的他……

他口口聲聲說我是唯一一個值得他深愛的女人，而他和小三只是逢
場作戲；他還說他已經和她當面說清楚，現在只希望照顧好我和兒
子，希望我能原諒他。可是，夏博士，我還能相信他的話嗎？這三
個月來，因為他出軌的事情，我已筋疲力盡，心力憔悴。

事發前，我一直以為我的婚姻很幸福，公婆相處愉快，有幽默風趣
的老公，乖巧的兒子。可是，我哪想到小三的事居然也會落在我頭
上，還是在兒子不到兩歲的情況下。如果沒有兒子我肯定會離婚，

我懷孕的時候就發誓：我要讓他擁有快樂的童年，幸福地成長！可是現在，如果離婚了，我還能給他快樂的童年嗎？婆婆勸我再給她兒子一次機會，不要離婚，她說：「離婚可以，我相信離婚後你們都可以再找，可是小孩怎麼辦呢？後媽不疼，後爸不愛的，作孽呀！」

父母也勸我：「既然他承認了錯誤，既然他願意跟那女的分手，既然他求你原諒他，你就給他一次機會吧。告訴他，如果再發生類似的事情，如果再和那女的曖昧不清，就馬上離婚！」可是我現在原諒他了，他的心就真的回來了嗎？將來會不會重演呢？

婆婆今天早上打電話來問我，昨天晚上有吵架嗎？我說沒有。婆婆說，這個時候一定要冷靜，笨女人才會把男人往外推。我只是點頭回應。婆婆不知道，我之所以沒有吵鬧，是因為我完全沒有力氣了，我連吃飯的胃口都沒有，哪來的力氣吵鬧啊？

夏博士，這一場噩夢，耗去我太多的精力，也耗去了我對他的信任。有時，我的腦海裡就像放電影一樣，他和小三在一起曖昧不清的畫面一幅幅閃現，我很痛苦。其實，我也想重新開始，畢竟，我還是愛他的，可是我愛的是出軌前的他。請夏博士幫幫我，我該如何面對他？如何調整自己？

Pearl

親愛的Pearl：

中國早期的社會是一夫一妻多妾制，男人可以娶很多老婆，所以男人不需要出軌，如果喜歡娶進來就好了。女人也不敢出軌，出軌的女性將受到世人的唾棄，甚至還有嚴厲的處罰，更甚者還有所謂浸豬籠處死。所以早期社會很少聽到出軌、外遇，但是隨著社會文明與自由人權的發展，夫妻制度改為一夫一妻制，這對男人來說是相當大的打擊與挑戰。

有鑑於男性的本能，加上現代社會的人際交往途徑的發達，男人的下半身思考和面對眾多的誘惑與選擇，很多男人把持不住，出軌外遇的現象越來越多，許多妻子或女友在面對另一半出軌時，大多是憤恨難當，對男人指責有加，而男人有時會直接反抗，造成雙方感情的惡化，或導致分離的結果，但有時男人會認錯悔改，重新回到情人的懷抱，但也有的男人惡習不改，一錯再錯，不斷地被老婆發現。

Pearl，雖然你老公犯了錯，但是他知錯能改，並且與對方斷絕交往，**實屬難得可貴**，你現在的問題不在於不能原諒他，而在於你無法放下他曾和小三糾纏不清的經歷，也不知是否能再次相信他不會再犯。你無法放下這件事，那是因為你經歷這件事的時候，你傷心、憤怒，你產生了大量的情緒，累積了大量的負面能量，你曾痛心哭泣，也憤怒指責過你的老公，你的情緒與能量有釋放一些，但是這些行為並不會療癒你心中的傷口，如果不把你內心

的傷口療癒，你就算哭過再多遍都不會消除。就像颱風，外圍掃過的區域風力會減弱，但是颱風核心沒有消失，它又會源源不絕地增強風力，破壞力絲毫不減。所以你要療癒心中的傷口，你才能放下，才能原諒，否則即使你的理性告訴你該放下，但是只要一想起過往，你的傷口就會被刺痛，一刺痛情緒就上來，你想控制都控制不了。

那要如何治好心中的傷口呢？

解鈴還須繫鈴人，你必須借由當事人（也就是你老公）來幫助你發洩這股情緒與負能量。有一種廣為人知的方法，也是很多被傷害的女人會用的方法，就是報復。為什麼人們喜歡報復呢？因為報復會有一種快感。報復的人心中的情緒與負能量借由報復的行為發洩出來，她的積怨就沒了，心又回到之前平衡的狀態，她舒服了，被強烈壓迫的情緒突然沒了，當然開心。當然這種方法只會導致對方受傷與憤怒，對方也會防禦或反擊，這樣就一發不可收拾，造成更大的鴻溝；或者對方不反擊，卻想逃避，但逃避之後會對你更加憎恨。除非他甘心情願給你當沙包打，而你也真的打得下去（必須與內心的憤恨強度同步用力打才有效，有所保留是沒效的），你心中的憤恨才發洩得出來，但這種方法相信你不適用。

另一種方法就是跳過憤怒，尋找憤怒之前的情緒與能量，然後將它釋放，通常憤怒之前的情緒是傷心，人通常是因為受傷害才會

憤怒，憤怒是第二個情緒，受傷害才是真正的原始情緒，所以你要把這股情緒釋放。

找時間與你老公在一個不被打擾的空間，你對著你老公把你對他不滿的情緒發洩出來，把你想罵他的話都罵出來，想哭就哭，一直做不要停，直到你累了，直到你真的無話說再也說不出一個字為止，然後倒在老公的懷抱裡，接受老公的愛與支持，這樣你的傷口才會療癒。當有人接受你的能量，你的能量才能真正地流走，就像打拳一樣，你不斷地對著空氣打拳，你怎麼打，你拳頭的能量都跑不掉，但是打在沙包上，拳頭的力量就傳遞過去，流向沙包。這種方法的效果最快了，如果你要靠自己看開、放下也不是不可以，只是比較慢。所謂時間是最好的療傷藥，有人這樣成功，但也有人始終放不下。當你的情緒與能量發洩完後，這時候你的大腦、你的理性才能發揮效用，我說的話你才能聽得進去，因為你的情緒能量已經發洩掉了。

你問我你還能相信他的話嗎？當然可以，就像父母是否還會要叛逆的孩子，當然會，就看你是否寧願錯殺一百也不願錯放一個，還是寧願錯放一百也不願錯殺一個。如果你是前者，你就不會相信老公，這樣只會加深你們的隔閡，到最後鬧至分手。你老公真的沒騙你，那就是你咎由自取；如果你是後者，你就會相信老公，如果老公真的改了你們就會有很好的結果，老公再犯，你就可以斷然地提出分手；如果你分不了手，那就是你的問題了。

最重要的一件事是，在這段感情中，你要看見自己的責任，也就是看到自己的缺點，一段關係永遠是兩個人的事情，沒有絕對百分百只有一方錯，雙方鐵定都有一定的問題。你沒有述說你的問題，所以我無法判斷，很多時候，找我諮詢的人說另一半如何不是，但是經過我深入探討後，發現她自身的問題，有時是她自己脾氣不好，或者經常批評對方，或者有管得非常嚴，甚至性生活不協調（例如被動冷淡）等，是這些問題導致老公的出軌。

當然從法律與道義上來說，即使老婆有問題老公也不應該出軌，但是心理與情感上來說，這種道理對有效的人有效，對沒效的人就是沒效。即使老公沒出軌，老婆的問題不解決，夫妻也一定會出問題。如果要創造夫妻現在和未來的和諧關係，雙方一定都要看到自己的缺點，然後改進，才會有成效，單靠一方會困難得多！

夏東豪

老公出軌，怎麼挽回？

> 你要老公，還是離婚？就像遭小偷，換鎖，還是搬家，選擇權在你，但是做了選擇，就要用對方法才有用，否則一心想要老公回來，行卻一直做出讓老公想離婚的舉動，怎麼得到你想要的結果？

夏博士，您說，有些事情，是不是越害怕，越會發生？唉……

我的老公是典型的「麻雀變鳳凰」。我爸爸是他的畢業論文導師，那時，因為準備畢業論文，他經常跑來我家請教爸爸，一回生，二回熟，媽媽還經常留他在家裡吃飯，我覺得他蠻上進的，父母也很喜歡他，後來我們就交往了。畢業的時候，透過爸爸的關係，他進入市政府的研究單位工作。不久後我們就結婚了，由於他們家經濟條件不好，新房、禮車、蜜月旅遊，全是我父母出的錢。他工作很努力，晚上經常睡在實驗室，很快就被公司主管重用了，成為他們部門的學科發起人。

去年五月，我們的小女兒貝貝出生了。他卻更忙了，有時我們一週

才見一次面，他總是說他離不開實驗室。我對此很不滿，心想工作再忙也不能忘了家啊。我們開始爭吵，但頻繁的爭吵並不能讓他多花時間陪陪我和貝貝，那時公司剛好有個去雲南考察兩個月的機會，他積極爭取到了，把我們母女狠心留在北京。

從雲南回來後，我就發現他越來越不對勁了。在家裡的時候，接電話、看簡訊總是偷偷摸摸的，難道有小三了？

上週五是貝貝一歲生日，我提前回家，進門後發現老公也回來了，為了給他一個驚喜，我就悄悄地走到臥室門邊，突然聽到他在講電話，憑女人的直覺，好像是女性朋友。因為沒聽清楚也不敢亂定罪。第二天，我把這事跟姊妹說，她推薦我上網買手機007間諜軟體，可定位跟蹤、電話監聽、簡訊攔截、通話記錄查詢。我立刻買了一個偷偷安裝在老公的手機上。

天哪！結果老公真的有小三！曖昧的話語，讓我心跳劇烈。後來，我打聽到小三是他們公司新來的實習生，剛好是我老公帶她，她竟然為了留在研究所工作勾引他，而他也願意上鉤，而且這對狗男女在雲南考察的時候就在一起了。我很氣憤，立刻向老公攤牌，想不到他竟然很鎮定地說他同意離婚。這是人說的話嗎？我們的孩子才剛滿一歲，他竟然這樣對我們母女。我不斷地詛咒這對狗男女，我很想去他們公司大吵，父母阻止了我，他們說，孩子還小，退一步吧。還有朋友勸我，不要離婚，拖著他，看他怎麼辦，不要讓可惡

的小三得逞。

夏博士，我真的要選擇離婚嗎？我們的貝貝才一歲啊！我真是欲哭無淚，當初怎麼會選擇他……

Sally

❖

親愛的Sally：

從你的來信裡我發現，你老公經濟條件沒有你好，婚禮都是你父母一手包辦，看似你老公「高攀」了你，這種情況之下，通常老公心理都有一定的壓力，難怪他要努力工作、奮發向上，一方面可能是為了自己，另一方面也可能是為了要在家裡抬起頭來。

日常的相處，不可以在心態或語言上不時展現你的優越感，這會加重他的壓抑，如果吵架，更不可以把這些事拿出來吵，例如：「你怎麼可以這樣對我！當初婚禮、新房、禮車、蜜月都是我們家出的錢耶！」這樣會嚴重傷害他的自尊心，你應該要學會就事論事，否則長久下去勢必會出問題。

他不眠不休地努力往上爬，這樣的結果，勢必會造成工作時間過長，而陪伴你的日子變少。你說你對此很不滿，認為他工作再忙也不能忘了家，到目前為止你想的都沒問題，但是接下來就開始

產生問題了。你想要與丈夫溝通他陪你時間過少的問題，這出發點是對的，但是你使用的方式是錯的，你使用了「指責」，這是一種非常無效的溝通方式，非但無效，而且會導致相反的結果。每個人內心都希望被肯定，不喜歡被否定，所以一旦你否定他，他的內心就會築起一道防禦的牆，接下來不但你說的話他都聽不進去，而且還會反彈。或許你會說「可是，明明是他的錯」，在這裡我不是論對錯，而是論解決的方法。

你先生不見得有錯，因為你沒有從他的立場考量。你想想，如果今天他很有錢，他需要如此拚命嗎？或許你會說，「他沒錢，我有錢啊！他可以不用那麼拚命啊！」這又再次沒考慮到他的感受。擁有財富固然是每個男人都想達成的目標與夢想，但是必須是自己賺來的，才會有滿足感，才會感受到自己是有價值的，而以此為出發點的他，又何錯之有？或許你會說，「但是他很少陪家人是錯的啊！」很多特殊職業，例如船員、軍人、在外地打工的工人等，他們也是很少回家與家人相聚，甚至有些人一年回去一兩次，但是他們的家人並沒有因此埋怨，反而每次見面都相親相愛，就怕時間被浪費了。所以，你應該調整心態，多用一顆體諒與感謝的心去看待你老公努力工作。當然，或許你不願意，如果你不願意你也沒錯，因為每個人要的不一樣，你絕對有資格要你想要的婚姻生活，但是你要以正確的焦點及表達方式去溝通。我不是說你老公是對的，如果你想要改變老公，就不要從認為對方是錯的立場去溝通，這樣從一開始你就把對方當成敵人了。

其次，溝通的方法錯誤。想像今天你是委員會去處理鄰居的糾紛，其中一方是錯的，另一方是對的，但是錯的那方不認錯，請問你會如何處理？如果你只會用指責的方式溝通，我敢保證絕對解決不了問題。如果真要用指責的方式來溝通的話，還用得著你出馬嗎？對的一方早就不知罵了多少遍、說教多少次了！所以，如果你不想解決問題，你就光罵，罵到爽為止，但是你想解決問題，必須使用有效的方法。

何謂有效的方法？要解決問題或糾紛，首先要從對方的立場去看事情、去理解對方，這樣還不夠，還要讓對方知道你的確站在他的立場看事情、理解他。比方你可以跟你老公說，「老公，我知道你那麼努力工作，不光為了你自己，也是為了這個家。」當老公聽到這句話的時候，就會覺得被理解，會認為你講的話真對。既然你講對話，那麼他就會願意聽你說話。你可以在結尾的時候說，「謝謝你！你辛苦了！」那麼，他一定很感動，接下來不論你想要他幫你什麼忙，不用等你開口，他就已經準備好了。

如果你說：「老公，我知道你那麼努力工作，不光是為了你自己，也是為了這個家。謝謝你！你辛苦了！但是，你不要那麼努力地工作，把家都忘了，你要抽出時間來陪陪我們啊！」那等於是白費了。第一，在你向他表達你的理解與感謝後，後面千萬不可以接「但是」、「可是」之類的話，等於是把前面的話否定了，後面的話才是重點，對方會認為你之前的讚賞都是假的，要

用「如果」、「而且」之類的連接詞。也不可用「把家都忘了」這種指責型的話語，要正面地表達自己的需求。

所以最正確的說法如下：「老公，我知道你那麼努力工作，不光是為了你自己，也是為了這個家。謝謝你！你辛苦了！如果你能多抽出時間來陪陪我們，我們真的很開心，你就是更棒的老公了！」這樣的溝通模式才會發揮效用，或許第一次不會見效，用多了，總會見效，但是你必須真的改變才行，否則平常都是漫罵的語言，突然在關鍵點用這種方式，對方才不會領情呢。

當你發現老公外遇，於是跟他攤牌，重點又來了，你跟他的溝通模式是什麼？相信在盛怒之下，老公只想遠離你，而不是回到你身邊。你問我你要選擇離婚嗎？不，這個問題要由你自己回答，如果想在一起，就要改變你對他的態度。你說，「以前我有不好的地方，我會改。但是現在是他外遇啊，為什麼要我改？」為什麼要受傷害的人改，而不是做錯的人改？因為想改變現況的人是你。現在你要老公還是離婚，就像遭小偷，換鎖還是搬家，選擇權在你，但是做了選擇就要用相應的正確方法才有用，否則一心想要老公回來，卻一直做出讓老公想離婚的舉動，你怎麼會得到想要的結果？

夏東豪

男人不舉，女人就該出軌？

性是一個底線，夫妻和別人發生性行為，那就是犯罪。

夏博士，我的心情很低落，昨晚，我發生了一件非常悲慘的事情。一整晚上我都睡不著，輾轉反側……

想起劉德華的〈男人哭吧不是罪〉那首歌，我獨自流下了淚水，心裡還是很委曲。這種事情，我不好意思找熟人說，只好求助於你。

我的老婆Doris喜歡偷菜，之前，我常常一兩點醒來，她都還坐在電腦旁偷菜，同時還跟網友聊得火熱。剛開始我也不怎麼在意，因為她平時都很晚睡，反正我們晚上也沒什麼節目，我知道這都是我的原因，因為我有陽痿。

昨天晚上，我兩點起來上廁所，發現Doris在洗手間裡面，我就無聊坐在電腦邊看了一下。當時她的MSN閃個不停，我打開一看，這下我驚醒了。我都不知道老婆什麼時候多了一個MSN帳號，她之前加我MSN不是這個，而且她在這個祕密帳號上還跟裡面的男

人聊得火熱。強烈的好奇心驅使我偷看了聊天內容，天啊！她竟然已經和幾個網友發生關係了。太令我難以接受了！雖然平時我們一群男人聊天時，會經常說一些一夜情的笑話，但今天萬萬沒想到的是，這種事情竟然發生在老婆身上。

夏博士，雖然我不是一個觀念很傳統的男人，但是這種戴綠帽子的事情我還是接受不了。我也知道，像Doris這個年齡的女人，對性的需求很強烈，但是我已經在努力了呀。上個月，我還在醫院接受陽痿治療，我一個哥們告訴我這家醫院還不錯。這件事我一直瞞著她，我本打算等我治好後，給她一個驚喜。沒想到，等待我的竟然是昨晚這一幕。我現在心都死了。夏博士，我該怎麼辦呢？我其實很愛她，我怎能裝作什麼都沒看到呢？我做不到啊！

今天早上她幫我準備早餐，我一點胃口都沒有，甩門而出。到了公司，她打我電話問我怎麼了，是不是不舒服？我冷冷地掛掉話說沒事。唉，她還蒙在鼓裡，可我心已碎。

夏博士，你說，我究竟該怎麼辦呢？如果我向她攤牌，她會不會離我而去？但是不攤牌，心裡又異常壓抑。她是不是早已不愛我了？如果我的陽痿治不好，但我還想繼續跟她生活下去，怎麼防止她再次出軌？

Felix

親愛的Felix：

有很多「女人因愛而性，男人因性而愛」、「男人是下半身思考的動物」等文字，來形容男人是如何看重性，而女人則是如何渴望愛情。雖然這種論調對男人而言，的確是不可否認的事實，也因為這是事實，所以男人發生外遇、一夜情以及從事性交易的行為遠遠超過女人。

但是在一段關係裡，性對男女雙方都很重要，雖然一開始男人看上女人的時候，性的目的很強，而女人比較注重愛的感覺，但是女人不知道的是，異性互相吸引的背後都是性的本能驅使，如果女人一開始就知道男人的性功能有問題，相信感覺再好也不會交往；如果雙方交往後其中一方因某種原因而導致性功能缺陷，有可能正常的一方會接受，因為已經有真正的愛產生了，但是這種愛一開始是不存在的，只有性的吸引力。另一種更大的可能是，正常的一方性的需求沒被滿足而離開對方，或者是心理上依然愛著對方，但在生理上卻尋求外來的滿足。

男女從戀愛走向婚姻，彼此有什麼責任與義務呢？當然在道德情義上，法律無法定義及規定夫妻必須如何過婚姻生活，因為每個人好壞的定義不同：可能女人認為男人不主動就是壞，但是男人認為她可以主動嘛；女人認為男人不花時間陪她就是壞，男人覺得我辛苦賺錢給她花還不好嗎？但是道德的底線還是對婚姻做出了一些規定及保護。

結婚的對象是終生的，在結婚的狀態下夫妻的任一方不可再與其他人結婚，否則就是犯了重婚罪。即使沒有重婚，也不可發展另一個伴侶而背叛原配，背叛無法明確判定，所以性是一個底線，如果夫妻一方和別人發生性關係，那就是犯了通姦罪，外遇在有些國家並不構成犯罪，但離婚卻要承擔相當大的責任。其實夫妻有為對方滿足性需求的義務，如果有一方未被滿足，未被滿足的一方可以申請離婚而不用背負任何的道義責任。

Felix，既然你有陽痿，你也明白像你老婆這樣的年紀有身體的需求，那麼一開始就應該想辦法彌補，雖然你有做治療，但是在沒有成功以前你做了些什麼？你是否有用其他的方式，例如利用一些工具或身體部位去滿足老婆的需要？看似沒有，因為你並未提及。你說你老婆晚上經常上網消磨時光，現在你發現老婆出軌，你很生氣，但是你還想繼續跟她生活下去，只要她回心轉意，你能忍受並且相信以後可以放下這件事。如果是這樣，我建議你不要將你發現的事說出來，因為可能有無法預期的後果。

如何才能挽救老婆的心及制止老婆的行為呢？當然要滿足她的需要，所以你要裝作不知道，然後用各種方式去滿足她。或許你會懷疑，害怕你老婆會比較，你怎能比得上她與他人的「實戰」經驗。是的，你的疑慮是有可能發生的，所以，在採取的行動外，你還要用「愛」去打動她，因為女人是愛的動物，只要你愛她，這裡指的愛不是你自認為的，而是讓她感受到真愛，用這種愛去

裝滿她的心靈，她會因愛而滿足，也會接受你的「特殊」滿足方式，況且你還有治好的機會。這種方式是屬於把她「拉回來」的方式，讓她自行斷絕不當行為。

如果你無法接受、無法再容忍下去，想要她立刻停止，那麼你就必須向她攤牌了。攤牌的方式有兩種：第一你不需要說你發現她出軌的事情，而是向她說明你很抱歉，在那方面對她有所虧欠，從現在起你要彌補她，要採取一些我上述的做法（不要忘了，還有用「愛」，這點就不用跟她說了，用做的），然後告訴她，希望她能接受你的建議，並明示她如果覺得還是無法被滿足可以選擇離開，但是千萬不要有任何出軌的行為，否則你會受不了。

如果她接受了建議卻還是沒有停止出軌，那麼你就必須進入攤牌的第二步（或者一開始你就可以直接進入此步驟），說明你發現她出軌的行徑，如果有情緒忍不住可以發洩出來，但是記住不要做人身攻擊或偏激的批評，你可以表達你希望她停止出軌的要求，你想和她繼續生活下去的意願，以及未來你的治療計劃，然後看看她的回應。如果你們有著深厚的感情，或者她意識到自己的行為是錯的，她可能會答應你的要求。

如果上述兩步驟中的任何一個步驟，她都表示自己無法繼續這樣的生活，她只是無法跟你開口談，或者她還愛你，但是也需要滿足她的需求。

那麼，你只剩下兩種選擇，一是接受她的愛，不要管她。其實這種事如果角色互換，女人性冷淡男人就可外遇嗎？雖然女人嘴巴上說不行，但是很多老公還是會出軌，如果太太硬是要和丈夫繼續在一起但又不能滿足老公的情況下，男人一定會要求太太允許他在外面解決，否則就無法在一起。

身為男人的你應該能理解這是正常的要求，所以做人要公平，如果男人要求女人睜一隻眼閉一隻眼是正常的話，那麼你也應該調整自己的行徑。如果你做不到，那就只剩下最後一種選擇，也可能是你最不希望的，那就是離開她。站在愛的立場，如果你是真的愛她，就放手給她幸福吧！不要滿嘴仁義道德說愛她卻又不讓她走，那不是真愛，是自私的愛！如果你堅持自私的愛而不讓她走，到最後她選擇離開你，不論在法律上還是在精神上她的決定都是正確的。

夏東豪

七年之癢？

> 很多伴侶最大的問題，是沒有愛了，所以他們所說的問題才變成了問題。

夏博士，本來我不相信「七年之癢」。

新婚時，我對經營婚姻信心滿滿，對於別人談之色變的「七年之癢」根本不屑一顧。我先生是我的大學學長，我們是在社團認識的。人的感情真是很奇怪，沒認識他之前，我一直都很自負，總覺得那些早早戀愛、結婚的人不可理喻，但自從認識他之後，我發現自己竟然變成我之前嘲笑的人。他的正直與幽默深深地吸引了我，我很快就墜入了情網、結婚。

剛開始的那段時間，我們生活得很開心，兩個人每天牽手去逛街買菜，像小孩子一樣打鬧。我們還曾一起寫下愛情誓言：今生今世，不離不棄。

我們在一起快樂地生活了兩年，之後，我們有了孩子，生活開始慢

慢變了樣。他不再像以前那樣溫柔體貼，他身上的優點漸漸消失了。他變得喜歡打麻將、經常和朋友出去喝酒，喝得醉醺醺地回來，管教孩子的時候動不動就罵……婚前的我天真地以為我們結婚後會安安穩穩、幸福地過一輩子，我真的沒想到他會變成這個樣子。

上班賺錢、處理家務、照顧孩子，全部都是我在做，他很少關心，也少跟我溝通。他覺得我為他、為這個家所做的一切都是應該的，都是理所當然的，我卻得不到一絲的感謝。

去年，也就是我們結婚的第七年，我意外地發現，他竟然有了外遇，我真的無法接受，他的一些壞習慣我都忍了，但是我實在無法容忍這個錯誤，最後我還是和他離婚。離婚後，我覺得好悲哀，難道這就是所謂的「七年之癢」？

夏博士，真的有「七年之癢」嗎？男人怎麼可以這麼不負責任，怎麼可以結了婚還外遇呢？以後這種事還會發生在我身上嗎？是不是男人都會這樣？我該怎麼辦？我現在對愛情已經失去信心，父母叫我去相親我也沒有興趣，我害怕會再遇上新的「七年之癢」，請你幫幫我。

Cindy

親愛的Cindy：

你老公七年後剛好外遇，就好像走七步剛好踩到狗屎，這只是巧合，它也可能是五年、十年，你的婚姻之所以走到今天這一步，和「七年之癢」沒什麼必然的關係。所謂「七年之癢」，只不過是你想找個代罪羔羊亂開槍而已。「七年之癢」的背後，掩飾的是你對夫妻問題的裝瞎行為。

「七年之癢」這個詞不是來自中國，而是外來語，英文為「the seven-year itch」，每隔七年，人的心理就會想從一成不變當中尋求新刺激的渴望，特別是在婚姻和男女關係方面，後來被人們大量使用在男女感情，本來只是單指個人心理，到現在變成男女之間發生問題的揶揄或代名詞。根據美國的一項研究發現，一段穩定（一兩年內分手的不算穩定）的感情在第四年會產生危機，如果照這個結果，「七年之癢」應該改為「四年之癢」才對。

「七年之癢」被拿來泛指感情危機、婚姻危機，特別是外遇或移情別戀。如果把感情簡單分為戀愛期、磨合期、穩定期，那麼在磨合期和穩定期中間還有一個瓶頸期，穩定期之後又有個疲憊期，感情的危機往往在這兩個時期發生。如果在這兩個時期，彼此沒有有效的解決方法，那麼很容易走上分手，或者是繼續痛苦下去。七年之癢不在「會癢」，被蚊子叮是一定會癢的，重點在「為什麼會癢」？

出軌行為只是一個「結果」，在這之前雙方必定存在其他問題。客觀事實也顯示，現在情侶分手或夫妻離婚，不外乎是外遇或婚外情，雙方溝通不良、個性不合等原因。夫妻在一起生活久了，各自忙於自己的工作、生活，彼此的情感漸漸冷淡，忽略對方需要，平常相安無事還好，一有事一定爆發負面情緒，積久了就會出現問題。

夫妻之間的問題不解決，時間久了就有人會癢了，既然討厭眼前的人，那就找外面的人來抓癢。或說與其面對問題、改變對方、爭吵過日，甚至導致家庭破裂、孩子受傷、增加經濟壓力、面對親人壓力、鬥爭離婚打官司、以後還要重新找個對象等，跟這些事情比起來，直接出軌簡單多了，可以爽又不用付出代價，只要不被發現不就好了？也有人用工作忙不顧家、喝酒買醉來逃避，都是夫妻感情有問題的後果。

Cindy，一個人癢起來，你能阻止嗎？你不能阻止他癢，只能幫他抓癢。

你之所以會離婚有兩個問題，一是你不懂處理情感危機。你要知道，雖然你老公外遇是錯的，但是夫妻一方犯了錯誤，另一方就不斷地指責怒罵，不肯接受也不肯原諒對方的過錯，根本是潑婦罵街，哪像夫妻？受傷的一方可能會認為對方很過分，一定是不愛了，否則不會這麼過分，但是受害者不斷指責、不肯原諒，

最後導致離婚，受害的一方又何嘗不是「不愛對方、自己也很過分」？

婚姻是要經營的，就像公司是要經營的一樣，如果情人犯罪，就只會罵，這誰不會？難道還要上培訓班學罵人？或許你會說，「我有啊，我平常有好好經營，是他不該這樣對我！」平常感情好還需要經營嗎？你放著不管也不會有事，而最需要經營的時候，就是在夫妻產生問題的時候，就像公司平常需要管理，但是出問題時更需要好好管理，而不是員工一有錯就開除，如果這樣經營企業，企業遲早會倒閉，婚姻遲早會失敗，而你果然失敗了。

雖然你已經離婚了，但是你要好好想一想，如果你沒有離婚，你該怎麼做？你可以有情緒，但是一定要抱著「我原諒你」的態度去跟老公溝通（或談判），才有可能解決問題。如果你一直都用「你太可惡，你怎麼可以這樣對我！我無法原諒你」的態度去面對老公，根本解決不了問題。如果你實在無法控制情緒，你可以去做心理諮詢，改變你的態度，才可以跟老公溝通。如果你現在願意去做，或許還有復合的機會。

你要了解的不是「你怎麼可以外遇」，而是「你為什麼外遇」？當然被背叛的人是你，根本不願聽他解釋，也不允許他拿任何理由當藉口，但是你不去探究其中的原因，那麼願上帝保佑你以後

跟其他男人在一起，對方不會外遇。你要知道，我不是說全部是你的問題，但是根據我多年諮詢的經驗，夫妻有一方外遇，多半是彼此感情已經發生問題，但遲遲不解決，外遇只是結果。所以我要請你去看看，你老公外遇之前，你自己有問題的部分，想一想，如果重新來過，你可以做出哪些改變。你必須好好反省，也可以請心理諮詢師幫助你，這關乎你未來的幸福，如果你有機會跟前夫復合，但是你沒有檢討，那麼你們夫妻的感情一定會再出現問題。

請把焦點轉移到「為什麼他會有七年之癢」、「如何面對與處理七年之癢」及「如何經營婚姻避免七年之癢」上，這些才是你所需要花費精力的地方。

夏東豪

外遇對象背叛了我，誰的錯？

從心理學的角度來看，男人對性比較隨便，女人則比較慎重，所以男人能接受自己出軌，卻不能接受女人出軌。女人不像男人可以有性無愛，女人出軌通常伴隨著愛。

夏博士，唉，我徹底無言了。昨天我發現Gina有外遇了。

昨天下班後，我打電話告訴老婆晚上要加班，然後開車去接Gina。本想給Gina一個驚喜，結果卻是有驚無喜，我看見一名中年男子摟著她從辦公大樓走出來，兩人有說有笑，非常親密，而且那個男人不是她老公，我見過她老公，知道她老公長什麼樣子。

夏博士，當時我真是氣得肺都要爆炸了。我想衝上前去揪住Gina叫她給我解釋清楚！但最後還是忍住了。我就這樣眼睜睜看著他們開車離去，糾結啊！從昨晚到今天，我一天都沒主動聯繫她，她竟然也沒聯絡我。我就這麼一直憋著，今天上班一點心情都沒有。按照往常，我們每天上班有空都會上MSN聊天。

夏博士，我現在有一種被背叛的感覺，不過想想的確好笑。我有老婆，Gina有老公，我們本來就背叛了自己的另一半，現在我看到她有了新的外遇，卻無法接受這種背叛。夏博士，我是不是很可笑？

可是我就是不想看到Gina跟別的男人親熱啊，她跟她的老公在一起也就算了，但是她現在是跟「別的男人」在一起，我真是怒火中燒，完全受不了。

我也知道Gina不是省油的燈，她在臉書上和異性臉友不乏曖昧的互動，還經常PO一些親密照片。每次我一過問，她總是說：「哎呀，你怎麼那麼愛吃醋！我老公都不介意！」我心想也是，她老公都不介意，我有什麼好介意的？如果我比她老公還介意，是不是代表我比她老公還愛她呢？我怎麼陷得這麼深？

我承認，我非常喜歡Gina，她火辣的身材加上性感的雙唇，讓我非常著迷。而且她不像我老婆那麼囉嗦，同一件事她只說一遍，不像我老婆，每天嘰嘰呱呱我耳朵都要爆炸了。但是，直到昨天我才知道，原來我也只是她眾多備胎中的一個。

之前Gina口口聲聲跟我說過，她不愛她老公，她愛的是我，但現在想想，不知她這句話跟多少男人說過？一想到這裡，我就抓狂！但我能怎樣，找Gina出來問個清楚？還是睜一隻眼，閉一隻眼？

我實在好糾結呀，夏博士，我該怎麼辦呢？

Joseph

❖

親愛的Joseph：

從人類的歷史來看，大部分的國家，都是由男人主導，雖然現在男女平等，可是很多時候女人又說，「男人要有車有房，想要男人負擔生活開支」。許多國家自古就男尊女卑，中國古代家庭，男人可以娶妻妾，可以風流，但是女人紅杏出牆，就會遭到唾棄及處罰。雖然現在的社會，法律上已經男女平等了，但是在道德上還是不平等。風流只適用於男性，男人用下半身思考做出下半身的行為情有可原，但是女人用上半身思考卻做出下半身的行為就令人不恥。這是很不公平的現象。西方很多國家已大幅改善這種偏見，但要完全消除，尤其在中國悠久的傳統觀念下著實不易。

在這種「男性主義」的社會，男人即使出軌，也不會允許女人給自己戴綠帽，通常女人會認為男人這樣做很不公平，但是這是男人的生物本能，男人在進化前也是雄性動物，雄性動物經常為了繁衍後代和不同的雌性交配，但是不允許屬於自己的雌性動物和其他雄性交配，否則就無法確定懷的是不是自己的種。從心理學的角度來分析，性對男人相對隨便，對女人相對慎重，所以男人

接受自己出軌，不能接受自己的女人出軌。女人不像男人可以有性無愛，女人出軌通常伴隨著愛。

如果有人看見你的處境，一定會有人說你不公平，憑什麼自己可以背叛老婆，卻不允許外遇對象背叛，可以接受外遇對象和她老公上床，卻無法接受和其他男人親熱，這不是矛盾嗎？

你是不是也覺得這樣很可笑？不可笑，因為人是先有感覺後有理智，而理智無法掩蓋感覺。看見情人外遇，就像小偷雖然偷別人的錢，但是自己的錢被偷了他還是會生氣。當兩個人在一起時，就只有兩個人的關係，與其他人無關，在對方身上獲得的快樂與痛苦是直接產生的，不是經過大腦思考後判斷的。所以當你看到外遇與其他男人親密感覺背叛時，當然會痛苦，而脫離痛苦的辦法是她停止這種行為，但是更令你更痛苦的是，就像你說的「我又能怎樣」，「我又不是她老公」。我想你也不方便威脅她會告訴她老公，因為她也可以用同樣的方式對付你。所以，當面對自己無力改變的情況時，任何人都會糾結！

相信也有人看見你的情況後會說「報應」！的確是報應，玩火就不要怕被燙，你真是活該，但你活該不是對不起你老婆或她老公（當然，社會的眼光你的確是對不起他們），而是對不起自己，沒人強迫你，是你自己玩火。你應該知道這樣的行徑有一定的風險，如果被老婆或對方老公抓到，你就認了，但是今天卻是她出

軌，你實在無法接受。

其實問題還是一樣，就像你玩火球，已經有被燙傷的打算，但沒想到的是，你沒被燙傷卻被火球砸傷，這還不是一樣？如果你一開始不玩火不就沒事了？賭博也有風險，你不能只想贏而不接受輸，賭徒雖然輸了會難過，但他也只能認了，誰叫他愛賭呢？所以你也只能認了，誰叫你與不正常對象搞不正常關係呢？你要不就認了，接受她的行為，成為她的玩伴，要不就離開。

如果你無法判斷，就留給對方判斷吧！你可以向她攤牌，並且請她停止「外遇」，如果她停止了，皆大歡喜；如果她拒絕，你又無法允許她這樣做，相信她也會離開你的。你只要接受她的決定就好，你也無法不接受。

你如果會介意，只能說你沒有能耐玩這種遊戲，你只好戒掉。如果你今天是愛上她而無法接受她的行為，那麼你更不適合玩，你一定會搞到家破人亡。當然你也可以換一個繼續，如果運氣好，或許可以找到一個「忠貞」的外遇對象，但是，找到又有什麼意義呢？難道打算這樣過一輩子？

如果這種遊戲你真的玩得下去，那也說明你和老婆一定有問題，那麼你有兩種選擇，一是停止遊戲，不要逃避你和老婆的問題，請面對它並解決它，你可以尋找心理諮詢師的幫助。二是乾脆和

你老婆分開，名正言順地去找你心儀的女人。否則，你自己要清楚知道，玩這種遊戲可能遇到的風險與付出的代價。如果你跟老婆沒問題，純粹是你愛偷吃，那麼哪天你吃到辣椒，就不要怕被辣到。

Joseph，你的人生由你自己決定，我無法干涉，也不會干涉，因為是你要對自己的人生負責。如果你選擇繼續遊戲，那麼發生任何事，就承受吧，不要抱怨，否則，就不要玩這種啞巴吃黃蓮有苦說不出的遊戲。

夏東豪

他居然和小三保持聯繫？

愛他，是不是就要忍受對方的一切？
如果要你忍受一切，你是否還會愛他？

夏博士，首先謝謝您的建議。之前如果沒有您的指導，可能我和Corey早就離婚了。

夏博士，自從接受了您的心理諮詢，我一直堅持您教我的方法與Corey溝通，他外遇後，我們之間的關係因為您的疏導得到了修補。然而最近這兩週，Corey又開始和小三藕斷絲連了。

昨晚，九點半的時候，小三打Corey手機，您當初教我不要疑神疑鬼，所以我忍住了沒打斷他們通話，哪知道一說就說了一個小時。Corey掛了電話後，說要出去一趟，我問出去幹嗎？都那麼晚了。Corey坦誠說小三生病了，就算是普通朋友也應該陪她去看病。我一聽火了，這已經不是第一次了，最近這兩週，小三三天兩頭就打電話給Corey，每次都拿生病或心情不好當藉口聊天，我已經忍到極限了！現在居然半夜三更還約他出去，像話嗎！我不准Corey出

去，Corey竟然說叫我注意自己的言行，不要重蹈覆轍。我說我還不夠寬宏大量嗎？她心情不好，你們通電話開導她我都忍了，現在你要出去我就是不准，難道她的親戚朋友全死光了嗎？難道她只認識你一個人嗎？為什麼偏偏要找你？他一聽很不高興。我說要去也行，我陪你一起去。他說不用了，我去不方便。然後就走了。我眼淚馬上流了下來。我不明白，我跟他一起去有什麼不方便？除非他們還有什麼怕被我發現。

十二點的時候，Corey回來了，他像什麼事都沒發生過一樣跟我說話，但我頭腦一片混亂，不想理他。

夏博士，我最近的心情很焦躁。我已經盡力使用您教給我的方法與Corey溝通，但每次那個小三一來電話我就煩躁。你說我該怎麼辦呢？小三打電話，我不該阻止、不多問？如果一直沒完沒了，我該怎麼辦？他是不是還憐惜那個小三？愛他就要忍受他的一切嗎？

Becky

親愛的Becky：

最後一句你說得很好，愛他是不是就要忍受他的一切呢？你覺得呢？

如果這個問題反過來問：「如果叫你忍受他的一切，你是否還會愛他？」重點在這裡，即使你能忍受一切，你也是在「忍」的狀態，只有痛苦沒有快樂。先不要說這樣的你會不會也讓他痛苦，或許你忍得很好，對方看不出來；又或者雖然他知道你在忍，但是你又不制止，所以他也無所謂。唯一可以確定的是，你不快樂。而且你現在非常生氣，也非常痛苦，這樣的你還能愛他嗎？你還有能力去愛人嗎？

「愛他就要忍受他的一切嗎？」這還用問？當然不是，難道他打你也要忍？就算你能忍，但是你快樂嗎？如果他有外遇，難道你也願意忍？相信你自己應該知道答案。你可能會說，「夏老師，所以他錯了對不對？我不應該忍，我應該跟他大吵。可是我並不是想要跟他吵，更不想分手，我只是希望他能停止這種行為，有什麼好辦法？」

「你不應該忍」，這件事是對的，但是「所以他是錯」這件事就不一定對。這件事他的做法沒錯，但時間點不對。如果是一對相互信任、感情深厚的夫妻，他們只會關注彼此，並不會在意對方對別人好，況且，如果另一半是出於好意幫助別人，他們更不會生氣。這件事做法並沒有錯，但是時間錯了。很顯然你們的親密程度並沒有達到如此高的境界，所以在這之前，彼此都要細心呵護，不要用高標準要求對方接受自己所有的行為。Corey還有一個時間點錯誤的地方，就是你剛原諒他，你還在恢復期，他現

在這樣的舉動，的確會刺激到你，就像病人養病期間需要安養，那外人就應該保持安靜，直到病人復原為止，而不是認為自己並沒有做錯而據理以爭。不過這些話應該是說給你老公聽的。

如果由你來說是發揮不了作用，那該怎麼辦？把他當敵人或跟小三當朋友？我相信你都不想，所以試試以下辦法吧：

「說出你的需求！」你可以向Corey提出你的需求，注意我這裡用「需求」，而不是用抗議，在你提出需求的時候，要先平靜你的情緒，真的平靜下來，而不是忍，否則你很容易又爆發。告訴他你的心還沒復原，你需要他的支持，請他堅定他的立場守護你們的感情。

「採取行動！」如果對方不聽勸，那麼你的底線是，既然他無法控制，那就不要讓你知道。如果無法避免讓你知道，那麼就請他搬出去，或你搬出去，直到他幫助對方，完全處理好為止，然後你們才能在一起。你的理由是，「既然你不能停止傷害我，而你又認為是我的問題，那麼我選擇採取行動保護我自己，就當是我處理我自己的問題，你總不能既認為是我的問題，又不給我機會去處理我的問題吧！」

「用愛堅持！」光說不採取行動一點用都沒有，採取行動不堅持到底也沒有用，如果用負面的情緒採取行動也會造成反效果，所

以要用愛堅持。

有些人會認為，萬一這樣把他逼走了怎麼辦。很多的受害者最大的問題就在這裡，如果你怕對方離開你，那麼你永遠都是輸家，只要你對他不滿，他就拿離開來威脅，你只好乖乖就範，如果真的是這樣，又有誰能幫你呢？

其實受害者不了解的是，如果自己真的不怕對方離去，就不怕受到對方的控制，心境上也不會那麼哀怨。其次，對方並不見得會因此而離開你，當你獨立自主時，對方反而因為沒有壓力而不抗拒，才有機會反思，傾聽你的需求，進而做出一些改變。如果這樣對方都完全無視於你，那麼可能他真的不在乎你，或者不愛你了，那麼，離開這種人，對你也是一件好事，強求一個不愛你的人留在身邊，對你又有什麼好處呢？

另外一種方法，就是修行自己，看見Corey善的一面，而不是挑錯。你可以允許他這樣做，給他肯定，同時說出自己的需求，希望他加把勁趕緊處理完畢，採取信任的態度面對，平常加強夫妻的互動及親密感，把焦點放在增進夫妻情感。當你們的感情越來越親密的時候，你自然就會放手。或許你會覺得這太難了，當然不容易，所以我說要修行。

還有一個方法，就是你找小三好好談一談，用同樣是女人及受害

者的角色，曉以情義，打動對方，感化對方，讓對方知難而退，成全你們。

最後一種方法，站在心理諮詢師的角度是不贊成的，但是有時候心理學強調「有效果比有道理重要」，所以你可以嘗試。這種方法是雙刃劍，可能帶來極大的負面影響，那就是採取強勢手段。比方說給Corey三天時間與對方斷絕往來，否則向親友、同事揭發他外遇，或請外遇對象停止與老公接觸，否則到她公司揭發她小三的行徑。這些強勢的手段或許會發揮作用，Corey因而停止與小三交往，然後你們可以好好修復關係。但這招有可能會有反效果，老公因而更加厭惡你。最壞的打算，就是老公惱羞成怒，直接翻臉。總之，這種方法要慎用！

夏東豪

男人劈腿，竟然貨比三家？

> 讓你痛苦的是你的仇恨，仇恨才是你要面對與處理的對象，而不是小三。

夏博士，最近我經歷了一場鬧劇。

上週五我心情極度不好，之前每個週末Ansel都會陪我過，但那週他說是他和太太結婚五週年紀念日，他們要一起過。我一個人很無聊，就約了姊妹淘到Ansel第一次帶我去的那家法國餐廳吃飯。

到了餐廳，我打電話給Ansel，問他在哪裡。他很不高興，語氣很冷淡。我聽到手機那頭傳來的背景音樂和我的一樣，直覺告訴我他就在這家餐廳。我站起來找，看到他也在找我，我們碰了面，我終於看到他的妻子，他的妻子也看到我了。他叫我不要鬧，我很生氣地衝出餐廳，覺得自己被忽略了。

那天晚上我一個人在酒吧喝了一晚的悶酒，以為他會打電話給我，哪知道一整晚一通電話都沒有。我好失望，本以為自己在他心中是

最重要的，其實也不過如此。我決定跟他分手。

我發了一封分手簡訊，他也沒回。我渾渾噩噩地渡過了週末，週一上班時，卻意外接到他妻子的電話，要約我出來談談。我一聽就火了，突然轉變想法，非要把Ansel搶過來不可，我比她年輕、漂亮，憑什麼Ansel不選我呢？我想Ansel不回我簡訊，肯定是手機被這個老巫婆給沒收了，Ansel一定是愛我的。

我們在一家咖啡廳見面，她一坐下來還沒來得及說話，我就叫她放棄Ansel，她說她從沒打算放棄。她說她懷孕了，還反問我可以懷孕嗎？我覺得莫名其妙，問她什麼意思。她開始滔滔不絕，說Ansel因為我不能懷孕，雖然跟我交往五年，卻不能感受做爸爸的幸福。Ansel已經不愛我了，希望我同意離婚。天哪，這是什麼話！我們都被騙了！Ansel這個大騙子，竟然把我們都騙了。我氣得七竅生煙！

他怎麼能這樣騙我呢？這個無齒之徒！我寧願他有妻子，也不願蒙受這種欺騙。他分明一腳踏兩條船，太過分了！

夏博士，我有股衝動想要衝到他公司，大鬧一場，讓他顏面掃地，沒辦法在那個公司工作下去。姊妹勸我不要衝動，正好因為這件事看清他，不要再陷入這種畸形的三角戀，好好找個正經的單身男人嫁了。

我打給他無數通電話他都不接，我猜他已經知道這件事了。我想要聽他給我一個說法，還要他賠償我精神損失！賠償我為他付出的青春！

夏博士，我該怎麼辦才能拿到我應得的？

Brenda

❖

親愛的Brenda：

你問：「他怎麼能這樣騙我呢？」你是真的想知道答案，還只是說說？我可以幫你分析，你男友這樣做有幾種可能：

一是比較的心態。想像你想買一樣商品，但是你不知道哪個最好用，如果商品可以試用，所謂貨比三家不吃虧，相信你會試用看看，然後再決定哪一樣適合你。為什麼愛情不可以試用？或許你會說，「試用可以啊，但是要一次試一個，不行才能換啊。」那是你的想法，並不代表是你男友的想法。可能他認為要同時試用，才能比較出差異，否則，剛甩掉前女友，才發現下一個沒有前一個好，不就兩頭落空了？所以他就同時交往，當然你不可能同意，所以他只好騙你。

二是享齊人之福的心態。這就是女人最痛恨的花花公子。對你男友而言，顯然交一個女友不能滿足，他喜歡多交幾個，感受不同女人

的風味，享受與不同女人做愛的快感。這麼做或許會讓他有點忙不過來，但他不介意，因為他喜歡這種兩邊偷情的感覺，沉迷於精神與生理的快感之中。當然你不可能同意，所以他只好騙你。

三是多情的心態。金庸小說《天龍八部》裡的段譽，因為老爸段正淳多情風流，遇到的女子竟然都是妹妹，因此導致許多孽緣。或許你男友也像段正淳那樣多情，他遇見妻子的時候愛上了她，與她交往，然後遇見你時也愛上了你，與你交往，或許他心裡知道這樣不對，但是他又放不下你們兩個，兩個他都愛啊，所以他就同時交往，當然你不可能會同意的，所以他只好騙你。

好了，Brenda，我解釋完了，剛才你問：「他怎麼能這樣騙我呢？」現在你理解這幾種可能後，你會說，「我知道他為什麼騙我了，謝謝你。」然後接受一切、轉身走開嗎？不會，你一定會說「即使是這樣他也不能騙我啊」之類的話，總之，你不會接受。所以你問錯了，你想說的是：「不管什麼理由，他都不可以騙我！」是的，他的確不該騙你，如果你的焦點一直放在「他不可以騙我」，那麼你就會一直痛苦下去，因為這是事實，雖然你不喜歡，但它還是發生了，不管你接不接受，它都在那裡，不會因為你不接受就消失不見了，但是你會因為不接受而痛苦難熬。

或許你會說，「難道要接受他騙人嗎？如果騙人可以接受，那天下豈不大亂？」我說的接受行為是「已經發生的事實」，並不代

表接受行為本身，就好像今天你被搶劫，如果你不接受被搶劫的事實，悲憤地說「他怎麼可以搶劫」，而且一直沉浸在這個問題裡面，你就會痛苦不堪、鬱鬱寡歡。反之，如果你接受被搶劫的事實，你就會做該做的事，比如報警，申請辦理遺失的身分證、信用卡等，然後繼續正常的生活。不論你接不接受，搶劫一定是錯的。或許你會說，「可是接受事實，我還是痛苦啊！」那當然，我可沒說接受現實就不痛苦了。我只是說不接受現實，痛苦就無法消失；接受現實之後，雖然暫時還是痛苦，但是會隨著時間慢慢消失。

或許你會說，「好，我接受現實，但是我不能生氣發怒、罵他打他，報復他嗎？」當然可以！我所謂的接受現實，接受的是後期的處理，也就是說在當下的時候，你有任何情緒都可以發洩出來，也可以發洩在他身上，畢竟這是他要承擔的後果，但是你們分開以後，如果你還那麼情緒高昂，那這股情緒傷到的是你，傷不到他，甚至在你難過傷心的時候，他還在跟別人吃飯聊天看電影呢！

至於你說想報復，衝到他公司大鬧，讓他顏面掃地，或者要求賠償「精神損失」、「青春損失」，可不可以呢？在法律上，情侶關係是沒有強制性的保護規定，因為在沒有建立婚姻關係前是自由的。道德上來說，你男友欺騙你的行徑的確違反了情義道德，雖然法律層面沒有規定要保護情侶，但是基於道義，如果男友願意補償，或者你要求男友補償，很多人會認可，但是相信也有很

多人不認可，即使基於道義，人們也無法百分百支持你的行為。

但是，兩個人之間的事，永遠是兩個人之間的事，無論發生什麼事，如果雙方都認可，那麼也不關其他人的事。你要尋求賠償你就去吧。他願意補償，那也是他的自由，但是他不願意給，或者他給的非常少你不滿意，你想要去他公司鬧，那也是你的自由，雖然我不支持你這樣做。

站在心理學的角度，你應該放下，讓你痛苦的是你的仇恨，仇恨才是你要面對與處理的對象，而不是對方，雖然他騙了你，但是你可以離開他。雖然你認為他騙你讓你痛苦，可是所有愛情分手的理由有千萬種，如果他騙你是你無法容忍的，難道其他分手理由你就沒事？例如愛上別人，就不會痛苦嗎？只要是你無法接受，任何理由都會痛苦。按照你的標準，從道義的標準應該賠償的話，那全天下分手的情侶不知道要賠償多少錢了，而且相信以後也沒人敢談戀愛了。

所以，Brenda，最好的辦法就是改變自己的思維，相信自己不應該受別人的影響，接受痛苦，邊安撫自己邊過生活，焦點放在珍惜擁有的一切：親人、朋友、健全的自己，讓自己過得快樂才是最重要的事！

夏東豪

男
閨蜜
b r o
m e o

幸福，
先過父母那一關
PART 5

父母棒打鴛鴦，只能委曲求全？

> 肯定父母的心意，同時表達自己的意見，一定要甜言蜜語，向父母展現正面積極以及樂觀堅定的愛的意志。

夏博士，一年前，我透過家人的介紹認識了他，接觸後感覺很好，不久就在一起了，爸爸媽媽也滿心歡喜。今年年初，媽媽在友人的介紹下認識了一個她認為更好的人選（有車有房領高薪），便開始千方百計拆散我們：不讓他來我們家，刺激他說配不上我，背著我打電話給他的父母，逼他離開……

結果可想而知，他一家人心情不好，我自己的家更是糟糕，在處理這個問題上面，我很明確地表明了自己的觀點和態度，我是不會跟男友分手的。我不想放棄，他對我很好，他很適合我，我不介意將來兩地分居（我們在不同的城市工作），或顛沛流離，我有自信我們可以創造美好生活。

我們有戀愛的自由，有選擇伴侶的權利，我了解做父母的心，但是我想要的是公平對待。為什麼他們喜歡的人從不看他的缺點，明明

他沒有那麼好？為什麼父母從來不正眼看一下男友的優點，其實他沒有那麼差勁？

家，應該是溫暖的港灣，一家人和和氣氣才算是一個家。漫罵、喝斥、游說讓我覺得這個家我再也待不下去了，甚至覺得也許死亡會改變父母的想法，我不是用死亡威脅父母，我只是想改變他們的專橫獨斷，我是個人，不是物品，我有自己的想法，有自己想要的生活，為什麼他們不能尊重我，為什麼男友做得再多他們都無動於衷？

他們究竟是我的父母，還是魔鬼呀？他們知不知道在他們的獨斷專橫下我活得好辛苦，想做的事情做不了。他們為了不讓我跟男友在一起，甚至不讓我往更好的地方發展，他們真的為我好嗎？只因為他們是父母、我是女兒就該任由他們擺布嗎？

我和父母激烈吵過、哭過，最後我真想一走了之甚至一死了之，可是我是獨生女，是他們的唯一，我真的狠不下心……

目前我和父母還冷戰僵持著，我明白這種狀態很傷人，可是我實在不知該怎麼辦，他們一意孤行，傷了我的心，卻反過來說是我傷了他們的心。

夏老師，我好累……你能告訴我究竟該怎麼做才能說服父母同意我

的選擇嗎？

——Crystal

❖

親愛的Crystal：

這種情形許多家庭都會發生，父母都希望孩子過得快樂。或許你會說，「既然希望孩子快樂，那就給孩子自由啊！」這就牽扯到父母的觀念和慣性問題，因為孩子還小的時候，本身沒有是非能力，也沒有遠見，孩子想要做什麼事，基本上就是根據當下的喜好、開心不開心做決定，但是他所做的決定與行動對他本身或未來不見得有益，甚至有些舉動是非常危險的，所以父母才要在一旁教育、阻止，這是出於為孩子好的動機。換句話說，如果父母從小就順孩子的意，他要幹嘛就幹嘛，這樣的教育方式反而會害了孩子。

父母從小到大經常糾正孩子，也的確避免了孩子受傷害，幫助孩子安全地成長，所以在父母的潛意識裡已經習慣並且相信「糾正孩子是對的，因為孩子不知道自己的行為是錯的」。父母的這種觀念應該隨著孩子年齡的增長而放下，變成「孩子已經長大了，相信他有判斷能力」。但是孩子雖然改變了，父母的觀念卻沒有長大，還跟以前一樣，所以他們依然認為自己這樣做是對的，是為了孩子好。

另外還有一種因素就是身為父母的責任感，雖然孩子已經長大了，父母也知道孩子可以自行判斷，如果眼前的幾種選擇都有好的結果，父母是不會干涉的。但是通常沒人能保證，如果今天孩子判斷錯誤，做了錯誤的決定，做父母的怎麼可能不作聲，而眼睜睜地看著孩子走上錯誤的道路呢？如果孩子錯誤的決定最終有好的結果就算了，萬一帶來錯誤的結果，父母的良心怎麼過得去？不怕一萬，只怕萬一，父母哪怕被孩子討厭，都要避免孩子犯錯。

在你看來父母在阻止你的婚姻，但是對父母而言，他們不是阻止一場婚姻，婚姻也好，工作也好，娛樂也好，他們是避免你受到傷害，不論是身體還是心理上的，如果今天這是唯一的選擇（全天下的男人都死光了只剩下一個），他們也只能摸摸鼻子勉強答應，但是有更好的解決方案（現在他們找到更好的結婚對象），他們怎麼可能眼睜睜地看著你走向不歸路。

Crystal，你要理解父母的觀念與想法，而不是一直認為這樣的父母很過分，否則你已經把父母當敵人了，又怎麼好好溝通呢？你認為父母不尊重你，你覺得痛苦，你希望父母放手，事實上你最大的問題是不尊重自己，真正該放手的是自己。我不是說父母這樣做是對的，相反地，父母這樣做是錯的，如果你聽從父母錯的決定，那麼你就是不尊重自己。

再舉個誇張的例子，如果今天父母教你當街脫褲子而你沒脫，那麼你父母的確不對，但是今天父母教你當街脫褲子而你脫了，你又哭訴父母怎麼可以逼你，那麼最大的問題是你自己，你為什麼要脫呢？或許你的理由是不想讓父母生氣、難過，不想親子關係從此變成仇人，但是你也沒有乖乖聽從他們的話啊，還是會跟他們吵架據理以爭。你無法突破「撕破臉，連女兒都沒得做」的關卡，同時你又說「還不如死了算了」，你有沒有想過「撕破臉」和「死」，哪個會讓父母難過？當然是「死」，所以一定要選的話，你不如「撕破臉」。但是你又做不到，因為卡在良心問題，你認為「沒良心的撕破臉」不如「有良心的一死」，這是你真正的癥結所在，解決這個癥結就一切都解決了。

接下來，我們來看看「撕破臉」是否是沒良心的行為，你把「與父母撕破臉」等同於「讓父母傷心」，到這裡是對的，但你把「讓父母傷心」等於「沒良心的行為」這步驟就錯了。你讓父母傷心不等於沒良心，你父母之所以傷心是因為你沒有照他們的期望，但問題是他們的期望是錯的啊，所以你「讓父母傷心」的句子並不完整，真正完整的句子是「沒聽從父母錯誤的命令父母傷心」。這樣一來你會發現，只要你能擺脫良心的譴責，就很容易拒絕父母了。或許你會說，那這樣不是會跟父母撕破臉嗎？我只能說不見得，我們要學習如何讓父母接受，父母真的無法接受而硬是要跟你撕破臉的話，那就看你是否願意犧牲自己的幸福了，如果真的撕破臉，那麼該反省的也是父母，因為你是為了自己的

幸福而失去了父母，但是父母卻是為了自己的固執而失去了女兒。

要如何與父母溝通呢？首先，肯定父母的心意，同時表達自己的意見。父母不論對你做什麼，站在他們的出發點一定是為你好，你要謝謝他們！也許你會說，「謝謝你們幫我找了一個更好的對象，但是……」注意，這裡千萬不可以用「但是、可是」，因為這樣好不容易原來肯定父母的心意又被否定掉了，所以接下來要用「同時我真的喜歡現在的男友……」來表達自己的想法。其次，甜言蜜語、嬉皮笑臉。所謂迎面不打笑臉人，在溝通的過程中，不要有煩惱或吵架的表情，不要皺眉，要眉開眼笑地說，「媽媽，我知道啦。我會考慮一下，如果沒緣分只好下輩子了。」甚至接受父母的提議去看一下，然後表示實在還是對對方沒興趣，嬉皮笑臉賴皮到底！當然要常跟父母說「我愛你們」，向父母展現正面積極以及樂觀堅定的意志。最主要是給父母承諾，例如，「相信我！我們非常相愛，我和男友會很幸福的！」不斷重複，而且要帶著無比堅定的意志，這樣父母才會被感化。

夏東豪

門不當戶不對的愛情，錯了嗎？

> 當你想要速戰速決的時候，你就會缺乏耐心，缺乏耐心就會覺得受委屈，控制不住情緒，越來越無法忍受對方。

夏博士，兩年前老公外遇，我毅然離婚，現今帶著七歲的兒子亮亮和我的父母一起生活。

今年暑假，我帶亮亮去遊樂園玩，因為我的疏忽與亮亮走散。當時我像瘋了一樣在遊樂園尋找。最後，發現亮亮正在跟一個工作人員大哥哥Leo聊天，我衝了過去，責備亮亮怎能不聽我的話亂走，走丟了怎麼辦？亮亮被我嚇哭了，Leo趕緊替亮亮解釋，讓我不要著急，亮亮只是想去洗手間。Leo還給亮亮買了棉花糖，亮亮立刻就不哭了。Leo答應亮亮以後帶他出去玩，亮亮立刻留了我的手機號碼給他。那時天快黑了，在道謝後，我就匆匆拉著亮亮離開了。

後來Leo竟然打電話來，要帶亮亮出去玩，我第一印象就覺得他像是好人，於是答應了。後來一起出去玩的次數多了，有時我也加入他們兩人的活動，週末郊區的短途旅遊、遊樂園的嘉年華等等。在

外人看來，我們好像幸福的一家三口，其實我知道這只是表象。

兩個月前Leo向我表白，說他喜歡我，提出要以結婚為前提交往，我當時拒絕了。我大他八歲，離婚、還帶著七歲兒子。當時我義正詞嚴地跟他說，我們絕對不可能。他並不氣餒，仍像往常一樣噓寒問暖，一有空就帶亮亮出去玩。

我承認，亮亮很喜歡他，他也喜歡亮亮；我能感受到他對我的愛是真心的，但我很難說服自己。那段時間，我相當地糾結，不知該如何是好。接納他的愛，還是拒絕？對我而言都是痛苦。我承認我已經喜歡上他了，是他給我和亮亮的陰暗生活帶來了陽光與希望。

在他鍥而不捨的行動下，我最終答應與他試著交往。戀愛的日子是幸福的，但是好景不長，先是我的媽媽覺察到了，因為他經常送我回家。媽媽說不反對我談戀愛，但是反對我現在交往的對象，說我應該為自己的將來著想，怎能找一個小比自己八歲的小男生呢？

更恐怖的是，有一次我們在餐廳吃飯，恰巧碰到他媽媽。後來在他媽媽的逼問下，他坦白了我們的關係。他媽媽勃然大怒，還單獨約我出來談判，揚言要是我繼續跟她兒子在一起的話，就要去我公司鬧，而且絕不讓我進他家大門。他知道這件事後，還是堅持站在我這邊，最近跟他媽媽也鬧得很不愉快。

為了這事我真是筋疲力盡，夏博士，我該怎麼辦呢？我是真心希望將來能和他一起共組幸福的家庭，可是，現實生活的阻力那麼大，我好害怕我剛揚起帆的船還沒遠航就被巨浪打翻。

Candica

❖

親愛的Candica：

問世間情為何物？直教人生死相許。愛情這玩意兒，好起來甜蜜蜜，痛起來要人命。每個人都想要一段美滿的愛情，但是結果總是讓人傷痕累累。所謂「正常」的愛情關係，也要經歷多次的情感挫折與磨煉才能修成正果，如果是「特殊」情況，比如說「遠距離戀愛」、「異國戀」，「富家女窮小子」、「博士生小學生」，「姐弟戀」等，這些戀情更是會遇到許多困難阻礙與挑戰。

首先是情侶的挑戰，兩人之間是否能容許這種特殊形式的戀愛帶來的不便，是否能適應彼此的差異，是否能堅定不移抗拒外來的誘惑等。兩人能對抗自己的心魔就已經很不容易了，此外，還要面對外在世俗的眼光，面對來自雙方家庭甚至整個家族的批評與壓力。如果無法擺平家人親友還是要在一起，要嘛與家人決裂，小倆口自己過日子；要嘛得不到家人的祝福，從此過著壓抑不快樂的生活。如果不管外面的壓力，只要小倆口過得開心就好，就

怕時間久了，小倆口也有自己的問題，不用等別人反對，自己就決裂了，結果還是分手，那真是叫人情何以堪。不但與家人的關係沒有好好保持，最後情人也沒了，賠了夫人又折兵。即使這樣，還不算是最壞的，因為就算賠光了，一切都還可以重來，沒有了敵人，家人通常也會站到自己這邊。最慘的是，有人拉不下臉，為了不讓父母看笑話，也要強顏歡笑，才是最折磨人的。

面對姐弟戀，首先恭喜你已經突破心魔，你經過了一番糾結掙扎，終於接受他的愛。或許你以為，接下來要面對的是像一般情侶一樣進入磨合期，開始面對兩個人個性的摩擦，這也是正常必經的過程。但是你還來不及經歷這個過程，就受到了雙方家長的強烈反對與阻撓，現在你不知道如何解決這個難題。

你們要聯合起來面對與解決，在這之前，你們先要搞清楚解決的對象是誰。如果今天只有一方的家長反對，可以兩人共同面對、說服、感化，甚至聯合不反對的那方家長來幫忙遊說。可是現在雙方的家長都反對，所以最好的策略是：各自搞定各自的家長。對方家長已經把你當敵人了，怎會輕易屈服順從，你好不好不是主要原因，他是以為自己的孩子好為出發點，孩子的好壞才是重點。畢竟是自己的孩子，很少有家長真正願意與孩子反目成仇的。所以你和Leo應該兵分兩路，各自安撫各自的媽媽，面對對方的媽媽永遠是逆來順受。

具體而言，如何跟自己的媽媽溝通呢？首先，要理解媽媽的想法，不要有對抗的情緒，不要很生氣地說，「這是我的選擇，你無權干涉！」也不要很難過地說，「媽，你為什麼要這麼做呢？」情緒只會引發情緒，面對媽媽，首先要嬉皮笑臉，不管媽媽怎麼說，先對媽媽的想法表示理解與感謝，例如，「媽媽，我知道你是為我好，謝謝你！」然後，再用強烈的堅定意志承諾與表達，「媽媽，你放心，我會過得很好！」

很多人說服父母時大都用「我是真的很愛他（她）」之類的語言表示自己的真心，但是無法引起父母共鳴，並不是他們不相信你，在他們聽來，就如同聽到你小時候也是真心討厭做作業、貪玩、喜歡吃高熱量食物一樣。同樣地，也不要用「這是我的自由」來講道理，他們已經習慣為了你好而干涉你，他們一點也不在乎你是否愛他們（當然，如果在乎的話就不會反對了），他們只在乎你是否過得好，所以你要不斷以幸福快樂為出發點，非常堅定自信看著父母，加上正面、積極語氣告訴他們你會過得很好。

如果父母的個性吃軟不吃硬，就可以多說乞求的話，否則就用平和的態度跟父母磨到底。這時候要把父母當孩子，就像孩子發脾氣向父母提出無理的要求，通常父母有兩種做法，一是罵孩子，讓孩子閉嘴，但是這種方法無法使用在父母身上；另一種方法就是，父母堅持自己的決定，不管孩子如何吵鬧都沒用，久而久之

孩子就不鬧了，這時候就是一種孩子與父母之間誰堅持得久的比拚。

Candica，你要做好心理準備，想當兵就不要怕辛苦，這可能是一場長期抗戰。普通人遇到這種問題總是希望「盡快」解決，而不是拖，但事實上，有時候就是要拖，而不是速戰速決。當你想要速戰速決，就會缺乏耐心，缺乏耐心就會覺得受委屈、控制不住自己的情緒，越來越無法忍受或討厭對方家長。所以，要有長久的打算，不要期望父母的態度有一百八十度的轉變，而是把時間設定長一點，把目標設定在一點點的轉變就好，這樣有了一點成效自己也容易開心，感到開心就容易堅持下去。

如果覺得還是沒效，那就要看你自己的決定了，是否要為了自己的幸福跟父母鬧僵，如果鬧僵還可以撫平，那你就硬來。或者覺得應該為了大家的幸福著想，毅然放棄這段感情，尋求更適合的對象。重點是不管你做了什麼選擇，都不要內疚，堅定地往下走，至少讓自己幸福，這樣的你才能影響他人！

夏東豪

怎麼搞定婆婆？

婆婆是不會改變的，死了這條心吧！

夏博士，我可能是得了「婆婆恐懼症」了。電視劇裡婆媳大戰天天上演，但說句實話，現實中我跟我家那位極道婆婆，一點也不遜於電視劇。

婆婆來上海才兩個禮拜，我的生活已經徹底被攪得天翻地覆，為了讓以後的新婚生活稍微好過一點，不得不來求助您！怎樣才能讓我的婆婆不干涉我們的生活啊！

我跟老公去年年底才買房準備結婚。因為他工作忙，從新房裝修開始，大小的事情都是我一手包辦。剛開始，我看著自己小小的家一點點充實起來，心裡還甜滋滋的。可是，自從上個月我婆婆從老家過來看我們之後，情況一下子就急轉直下，才兩個禮拜，婆婆差不多就把我們的新家徹底改頭換面了。

剛進家門，婆婆就皺起了眉頭，接下來她抱怨挑剔的話就沒有停

過。什麼好好的臥室地上鋪白色地毯多容易髒啊、浴室的瓷磚顏色太花，看了眼暈啦、透明玻璃的大餐桌好看不耐用，你們年輕人就是只顧好看啦……幾句話就把我的辛苦全推翻了。最後婆婆嚴肅地對我說：「你們年輕人就是沒經驗，以後買東西媽媽幫你把關！」我這才陡然明白，原來婆婆的幾句話就是為了「奪權」啊！

就這樣婆婆開始了嚴格的採購把關，如果只是給點意見，幫忙殺價也就算了。可是她控制欲十分強大，大小家俱的添置，從顏色到款式都得她說了算。她嫌布沙發不好看，非換成了塑膠味的假皮沙發；說我買的盤子太素，隔天就換成了俗氣的白底大紅花；就連我們臥室的床組，她都親自去訂做一套，那噁心的顏色，我看到就不爽。

反抗婆婆嘛，怕跟她關係弄僵將來更難相處；可是不反抗嘛，再這樣下去我的新家就快被婆婆占領了。現在她只是管裝潢，將來肯定把我們的事都攬到她的範圍去，說不定什麼都要過問，以後的日子我簡直不敢想像。

夏博士，難道結婚後有了自己的家庭，還不能自己做主嗎？我真的不知道，這個婚姻是為了我們而結，還是為了婆婆？

Selena

親愛的Selena：

先回答你最後的問題：這個婚姻是為了你們和婆婆而結的。或許你認為不合理，但是社會上「不是嫁一個人，而是嫁一個家庭，甚至嫁一個家族」的比比皆是，這是你要去適應，而不是環境來適應你。如果你一定要堅持小家庭制度，要嘛嫁到歐美國家，要嘛找個不喜歡跟家人住在一起的老公，否則，既然想嫁又不能把婆婆趕走的話，那就好好學學如何處理已有千年之久、令人聞之色變的「婆媳問題」。修煉婆媳相處之道，只要學到箇中訣竅，你會發現搞定婆婆並不難，或者說即使沒搞定婆婆，但是把自己搞定了，處之泰然也不錯。

很多媳婦和你一樣，先是驚恐，然後就不敢想像今後的日子怎麼過。你們犯了一個非常致命的錯誤，就是誤認為「現況無法改變」，但事實上並非如此。請先改變驚恐的想法，相信可以改變，如此一來，你會發現你的心情放鬆許多，接下來也比較有意願去改變。

請你先思考一個問題，當你婆婆這樣做的時候，你的老公為什麼不會痛苦？因為他習慣了？是的，並不是他的媽媽特別好，而是他習慣了。就像你習慣你父母一樣，讓他和你父母相處的話，可能換他受不了。你覺得婆婆控制了你們的生活，但是你有沒有想過，你來了婆婆才恐慌，對她而言，以前都是她說了算，如今突然跑來一個「外人」，然後說，「這是我的男人，這是我的家，

不管我要如何如何你們都要聽我的。」換作是你作何感想？我知道照理來說你是對的，但是事情都架構在道理之上，生活必須考慮人性，從人性著手，而不是道理著手，事情才能尋出解決之道。

你要以晚輩的心態，對婆婆心存敬意。很多媳婦雖然知道婆婆是長輩，但是意識裡因為丈夫是自己的男人就把婆婆視為平等地位，一旦自己和某人平起平坐的時候，你就會認為憑什麼要聽對方的、對方應該尊重自己。事實上婆婆是長輩，即使這點不算，憑她把你的老公養這麼大送給你享受，你也應該好好謝謝她，不跟她計較，讓她按照她的方式，當作是一種報答。

你也可換個角度想，婆婆就像古代的大老婆，而你是小老婆，大老婆比你早（還不是普通的早，是打從你丈夫出生開始）進這個家門，在你出現之前，家裡的一切原本就是她的管轄區。老公是她養大的，家是她管的。老公養大了對你好，你得了老公的愛，享樂就好，其他的就多讓她一點又有什麼關係呢？如果你能做到這些，你就不會痛苦，她也覺得舒服，也會覺得你是個好媳婦。

注意，好媳婦不是沒做事就可以憑空得到好評，只有做些婆婆喜歡的事情，才會得到婆婆的讚賞和喜愛。一旦婆婆喜歡你，那麼她會站在你這邊，也才會讓你。千萬不要在婆婆面前恃寵而驕，否則婆婆看在眼裡，忌妒在心裡，結果生活的點滴矛盾都成為發

洩一肚子氣的出口。

謙虛還不夠，其次要有討好的心態。有些媳婦談到這點就更不自在了，心裡會不由自主地想「憑什麼」。通常媳婦嫁過來之前，在家可能是天之驕子，只有家人討好她的份，現在居然輪到她討好別人，門都沒有，但事實上不是她做不到，而是她不願意。試想，許多媳婦嫁進「豪門」以後發現有許多家規（很多事前就知道了），還是願意遵守，也會討好婆婆，你說她是為了錢，但就結果論，她維持了家庭的和諧。如果對方是窮光蛋，媳婦可能就做不到了，但不是她沒有做到的能力，而是不願意做。或許大家對討好這個字眼反感，那麼換個字眼吧！討是要、好是和諧，討好就是要和諧，如果面對事情不是那麼難，難的是用什麼心態去面對，用和諧的心態去面對，就會容易得多。

婆婆和媳婦，一個是媽媽，一個是太太，但本質上還是兩個女人，所以本身在同性間容易有情結的女性，不論是婆婆還是媳婦，都容易與對方產生矛盾。大部分的女人在家中所需要的自我價值感是一樣的，女人之間會在意、感動、激怒……都不會因為她是婆婆或媳婦而改變。如果我問，兩個女人最常見的矛盾是什麼，多半都是來自妒忌和占有的心理。當兩個女人共同擁有一個男人的時候，如果不會嫉妒和想占有的話，那還會有什麼問題？其他都是衍生的問題。

想要得到更多來自兒子（或丈夫）的注意，想要更多來自孫子（或孩子）的注意，想要當家做主，當婆婆和媳婦都在做同樣的事，於是就產生了情結。許多和諧的家庭，就算婆婆和媳婦都在做同樣的事還是可以過得很快樂，只不過她們做的事是尊重、和諧等正面的事。

沒有人是完美的，如果你認為婆婆有問題，那麼就請你真的把婆婆當作「有問題的人」，把婆婆當作「神經病」，那樣你就會像看護一樣，不會對她大驚小怪；正面的說法就是「接受她原來的樣子」，既然你都知道她原本是什麼樣子，她會做出什麼行為也不會驚訝。不管如何，不要改變對方。

在這裡我要告訴你一個祕密，一個你已經知道的祕密：婆婆是不會改變的，放棄改變婆婆，死了這條心吧。如果你還在生氣，那麼只證明一件事，你還沒死心，你還沒意識到「婆婆是不會改變的」。

總之，做人家的媳婦要退一步用「不爭一時爭千秋」的格局來看待婆媳的關係，吃虧就是占便宜，不用太著眼於眼前的芝麻綠豆小事，所有的投入和讓步都會成就長遠的千秋大業。

夏東豪

丈母娘看女婿，越看越喜歡？

> 愛情和家庭只是男人的一部分，但是對女人來說卻是大部分，
> 甚至是全部。

夏博士，這樣的家庭我還要不要繼續待下去？

二〇〇六年我去大城市工作，認識了Spring，她是本地人。不久，
我成了外來女婿，入贅他們家，婚後與岳母岳父住在一起。在老家
辦喜酒的時候，村裡的人都用羨慕的口氣跟我說，我娶到城市媳婦
好福氣，現在想想，不知是福氣還是晦氣。

都說「丈母娘看女婿，越看越有趣」，在這個家我是從沒有這種待
遇。我清楚記得今年開春的時候，連休假日我在家睡午覺，岳母抱
著孩子叮咚去花園玩，去之前還笑咪咪的，回來之後大變臉。我開
門讓他們進來，想伸手接孩子，哪知道岳母不讓我抱，而是放在地
上，然後對著我破口大罵：「我見過男人不要臉，沒見過像你這麼
不要臉的，週末居然在家睡覺！這麼閒不會到外面多賺點錢嗎？房
貸什麼時候才能還清？小孩吃的都是兩百塊一罐的國產奶粉，你看

隔壁小王家的小孩，吃的全是爸爸去荷蘭出差帶回來的原裝進口奶粉，人家是爸爸，你也是爸爸，你看看你是怎麼當爸的？一個月才賺這麼點錢，買紙尿布都不夠……」Spring聽到了趕緊從廚房出來阻止她媽，讓她別再罵下去。我當時氣得恨不得衝進廚房抽出菜刀把她砍死，不過我還是忍住了，雖然這棟房子的頭期款有一半是我付的，但我總覺得寄人籬下，和岳母住在一起就是吃憋。

那次以後，岳母就沒給過我好臉色看，天天找我碴，她要是關上門訓斥我也就算了，有時還當著他們家親友的面暗諷我沒能力、薪水低。如果不是想到孩子還小，就離婚算了，這個家還有什麼好待下去的。

今年七月我爺爺九十大壽，老家來電話千叮萬囑我帶孩子回去給爺爺祝壽。在別人家看來簡單就能解決的一件小事，在我們家還得經過岳母的同意。我好說歹說，岳母就是不同意，說來回路程遠還浪費車錢，要回去我自己回去，最後我只能一個人回老家。家裡人看我一個人回來也猜出三分，爺爺還哭了，說是想念孫子，都一年半沒見面了，心酸啊！我怎麼就這麼不爭氣，連老人家的心願都無法滿足。

從老家回來後，我跟老闆申請調換到行銷部門，開始頻繁出差，有時一個月在家不超過五天。Spring開始有怨言，說我陪母子的時間少了，我說：「你不要怪我，要怪就怪你媽！我不出差哪來的錢提

前還房貸！」隨著出差時間的增加，我覺得我和Spring的感情越來越淡，我們可以一週不見面也不通電話，岳母對我的怨言倒是少了很多，每次就等著我出差帶回大包小包的名產分給她那些親戚。可悲的是，這個月談成一個大案子之後，我連夜趕回來，清晨到家的時候，叮咚看了我一眼，沒叫「爸爸」，我要抱他，他反而哭著要掙脫，我很失落。晚上親戚來家裡吃飯，叮咚看到男的就叫「爸爸」，我知道，這都是因為我跟他相處的時間太少了。可是我又能怎麼辦呢？

夏博士，我應該放棄現在的高薪工作，多花些時間陪陪老婆孩子嗎？要忍受岳母的辱罵，還是繼續走現在的路，或乾脆離婚，重新組一個適合自己的家庭？

Dragon

親愛的Dragon：

我經常聽到婆媳問題，你這是「母婿」問題，乍看之下很稀奇，通常只有婆婆會跟媳婦搶兒子，難不成岳母會和你搶女兒？其實你遇到的現象並不稀奇，不管是婆媳問題還是母婿問題，都有個共同點：有女人的存在。相信大家很少聽過「公媳」問題，更沒聽過「父婿」問題，也就是岳父和女婿兩個大男人發生問題，因為公公很少去管小倆口的事情，為什麼？因為公公是男人。難道

男人不會產生問題，會產生問題的都是女人？因為男人本來就理性勝於感情，而且男人通常把焦點放在事業上面，愛情和家庭只是男人的一部分，但是愛情和家庭對女人來說可以是大部分，甚至全部。男人對孩子也是如此，通常孩子生下來，大部分都交給太太帶或長輩帶，男人不會帶也不想帶，平常也很少跟孩子有情感上的交流，除了功課可能會干預之外，其他的不會太多干涉，因為男人重視的是事業，其他無所謂。

結婚後，不管跟丈夫的父母住，或者是跟老婆的父母住，都存在小倆口和對方母親的相處問題，做母親的會注意生活細節，如果不懂得與婆婆（亦指岳母大人）相處，就會出問題。有的時候，是婆婆／岳母本身比較難相處，也會造成嚴重的家庭問題。為了避免上一代影響下一代的關係及幸福，外國大都不跟任何一方父母同住，而是兩個人住。現在也有很多年輕人不願跟長輩同住，不過這也要看他們自身的經濟能力以及父母的接受度。

你現在就遇到「母婿」問題，一開始看起來岳母很不喜歡你，覺得你的能力不足、薪水低，但是自從你換了單位，賺的錢多了，家裡的經濟狀況變好了，岳母看似就不再嘮叨，所以從這裡很顯然看得出來，你岳母就是需要一些物質經濟上的保障，而你也做到了。但是你現在的問題是，為了賺錢常出差，導致與妻兒的相聚時間大大縮短、情感也漸漸疏遠，家庭關係似乎出現危機，為了挽回，你可以選擇放棄現在的工作，但這樣一來薪水就會減

少，你怕薪水一減少岳母又恢復以前惡劣的態度。魚與熊掌不可兼得，你認為讓家庭和諧和讓岳母開心是衝突的，事實上你是可以兩者兼顧的，但是你一直從問題出發，而不是以解決方案出發，所以你沒有想到辦法，不知道該怎麼辦，而且你不應該把難題全部推到岳母身上，這樣是逃避的行為，也是不公平的。

由於收入增加，能給予家庭穩定的經濟保障，關於這點，你的岳母比以前滿意多了，所以岳母挑剔辱罵的問題，可以說是解決了。你應該抱著「太好了！我解決了家庭的難題，創造了和諧的家庭氛圍」的正面態度，而不是「終於讓她閉嘴了，可是我過得好苦啊」的負面態度，因為這樣的態度會讓你開心不起來，也間接影響你對待家人的心情，尤其是你對岳母的態度也不會由衷地好起來，最多是表面上應付。如果你一直這樣保持相敬如「冰」的態度，家裡的氛圍又怎會和諧親密？

除了這點，或許你會說，「要不是她，我也不會工作時間這麼長，家庭也不會有問題啊！」這句話，你對了一半錯了一半。對於滿足岳母而換高薪的工作，工作時間變長，你可以是岳母造成的，但你是錯的。很多丈夫工作時間也很長，或者說是工作狂，就算工作需要是長期在外，他們還是可以有安穩和諧的家庭，因為他們很珍惜每次的相處時光，不在家的時候，他們的心也在家人身上。

當然，這種家庭也會遇到像你這樣的問題，如果要解決這種問題，是要靠夫妻雙方的溝通、諒解與努力，如果只是埋怨對方，或者埋怨其他的人，問題是不會解決的。其實薪水增加對你的事業發展及家庭經濟都有好處，你要看到好處，然後把「都是岳母害我這樣」的想法排除，單純地去想「我要如何在工作與家庭中取得平衡點」、「我要如何取得妻子的理解與支持」。以前不是你做不到，而是除了繼續或放棄工作之外，你根本沒努力。

夏東豪

家家都有刁難媳婦的婆婆？

> 如果你想要活得快樂，想要家庭和諧，你只好改變自己，改變
> 自己不是為了改變婆婆，而是為了讓自己快樂。

夏博士，我和老公是校友，感情很好。畢業後，我們過著租屋的生
活。老公進了一家外商當工程師，月收入不錯，但是工作很辛苦，
經常加班。我到一家出版社做編輯，編輯的薪水就比較微薄。

他媽住在老家，每個月我們都會回他老家一次，他媽經常欺負我，
老是問我一個月賺多少錢，意思是嫌我賺錢沒她兒子多，剛開始我
都忍著。

去年年底，我因為身體不舒服，想辭職在家休息一段時間，那段時
間他媽媽竟然天天打電話過來，我不願接，她就在她兒子耳邊說：
「不應該這麼慣著她，要讓她也出去工作！你工作那麼辛苦，憑什
麼她在家閒著享清福。」老公怕我聽到他媽這麼說我，每次總是壓
低聲音講電話，但他媽總是故意說得很大聲，怕我聽不見。我很生
氣，每次他一掛上電話，我就大吵大鬧，把氣全發在他身上，有時
還拿書丟他。後來，好朋友勸我還是趕緊找工作吧，待在家裡心情

更差。我很無奈，只能抱病出去找工作，這件事就這麼平息了。

自從那件事以後，加上他媽的冷潮熱諷，我心裡對她總是有氣。我每次跟老公說起他媽媽，老公總是站在她那邊說話。我心裡很委屈，他媽欺負我，我忍著沒有頂回去，難道他就不能替我說句話嗎？既然他感受不到我的委屈，於是我也嘲諷他、埋怨他，嫌他媽小氣捨不得給我們錢買房子，有時說到發火也會跟他打起來。雖然我也不想這樣，我希望他能幫我的忙，能理解我，但是他從不站在我這邊，每次為了他媽我們都要吵架，我覺得自己快瘋了。剛開始，他還能隱忍，後來他有時逼急了也會爆發。然後跟我大吵一架。唉，好痛苦……

夏博士，最近他媽開始催我們生孩子，好煩，他家連房子都不買給我們（他家經濟條件還可以），孩子生下來要住哪？住陽台嗎？

我記得有一次吵架，他大聲吼：「如果你不對我媽好，那我們只有離婚了！」我知道他媽一個人拉拔他長大供他讀書不容易，可是也不要觸犯到我的底線啊！他那句話真是傷我的心，為了他，我已經盡量對他媽好了，能忍的都忍了，雖然有時把氣發他身上，但我已經仁至義盡了。如果他再這樣對，我寧可不要這段婚姻了！夏博士，您支持我嗎？

Rainbow

親愛的Rainbow：

「婆媳問題」自古以來就存在，而且不斷發生、不斷拿出來討論。大部分看起來，好像「壞婆婆」的比例比「壞媳婦」來得多，為什麼呢？這道理實在是太簡單了，婆婆跟兒子本是一家人，突然多一個女人要分享她的兒子，對婆婆來說是「失去」一個兒子，對媳婦來說是「得到」一個老公，婆婆當然會不高興。

此外，就算婆婆不會不高興，但是婆媳各自有自己的生活習慣，兩個不同習慣的人住在一起，不會打架才奇怪。婆婆和兒子不會打架是因為多年下來習慣了，媽媽可以容忍兒子把地板弄髒而幫他弄乾淨，卻無法容忍媳婦做同樣的事情。丈夫和太太不會打架也是因為彼此有愛才會相互容忍，但是婆婆和媳婦彼此沒有親密的愛，所以並不會容忍對方的缺點，會起衝突也是常有的事。

Rainbow，你說婆婆欺負你，你無法忍受，但是重點不是「婆婆欺負你」，而是「你無法忍受」。或許你會說，「難道欺負人就對，不能忍受就是錯的？」不是的，欺負人當然是錯的，所以婆婆的確要改進她的態度與說話的方式，這樣的話婆婆應該來做心理諮詢。但是現在的問題是，婆婆不會認為她是錯的，所以她不可能來做心理諮詢，而且你也不能理直氣壯地說婆婆是錯的，否則你只會錯上加錯，一發不可收拾，甚至到無法挽回的地步。如果你想要活得快樂，想要家庭和諧，但是婆婆又不會改變的狀況下，你只好改變你自己，改變自己的目的不是為了改變婆婆，

而是為了讓自己快樂，最後婆婆說不定也可能因此改變對你的態度。

據你所述，你所謂的婆婆「欺負你」，大多是言語上的責難，而你聽到婆婆這樣說你你很生氣，重點就在這裡。如果今天責難你的是你母親，或許你也會不高興，但是你不會一直放在心上，可能是習慣了，總之你沒放心上，也不計較。所以就像很多人說的，對待婆婆要像對待母親一樣，但是我指的是，要像不理會母親的說教一樣對待婆婆的批評。

「道理我知道，但是我做不到！」通常問題就在這裡，不是你做不到，而是你根本沒試著去做，很多抱怨做不到的人，通常都是不願去做，或者試了一兩次就不試，無法堅持到底。尤其你已經對婆婆產生敵意，所以你是不想做，而不是做不到。天下沒有白吃的午餐，請你努力並且堅持不懈，總有一天你會做到的。比如婆婆催你生孩子，很多母親（有時包括父親）也催，但是孩子就是不急，但是孩子很少因此跟自己的父母交惡，因為他們討厭的是父母的催促，並不是真正討厭父母。

你為了婆婆有錢不買房子給你而痛苦，試問如果婆婆沒錢呢？相信你會和老公好好努力過日子，賺錢買房子，那為什麼婆婆有錢就要替你們買房子呢？所以真正令你生氣令你痛苦的是你的欲望，婆婆又為什麼要遵從你的偉大欲望呢？你要知道，每個人都

有自由支配財產的權利。天底下沒有人是該欠你的，你要修正自己的想法，否則把自己當作公主要求別人，別人不從你又要痛苦的話，那是你自討苦吃。

你不要用報復的心態對待老公，那只會讓你們的關係更加惡劣。況且，你老公不站在他母親那邊說話，站在哪邊說話？永遠不要挑戰親情，除非他跟母親的關係惡劣，否則愛情是比不過親情的。換作是你，相信你也不會為了丈夫不要母親。此外，他母親再不對，生他養他辛辛苦苦把他養育成人的是婆婆不是你，光為了這點他就應該保護母親，如果他忘了母親的恩情而批評母親、讓母親痛苦的話，那不就連禽獸都不如嗎？

當你受苦時，請不要叫你老公評評理，或者叫你老公去說服他母親，試想有哪個母親會接受兒子為了其他女人說自己不對，況且婆婆還認為自己是對的。你可以做的是告訴老公你的痛苦，並且要先強調「我不是要你去說你母親，我只希望你能安慰我一下」，這個預防針對有些丈夫要先打，否則他可能因為討厭聽到你批評他母親而生氣。

你可以告訴他你的難過，注意，不是憤怒，否則他可能會抗拒，因為憤怒只會導致防禦或反攻，一切的憤怒都是起源於受傷害，所以你只要告訴他你受傷的部分，這樣他才會願意安慰你，而你也會欣然接受他的安慰，這樣你就會舒服，人只要心情舒服了，

一切的大風大浪都可以過去。他也不會說一些為了保護他媽（再說一遍，保護自己的媽媽是正常的）而你聽起來不開心的話了！

夏東豪

公公對我性騷擾？

有些男人就是這樣的動物，這樣想你才能保持鎮定，然後用理性的態度，處理這件事情。

夏博士，這個事情我不知道怎麼和Carl說。

我和Carl上個月訂婚，準備明年國慶日辦婚禮。

準公婆的性格截然不同，準婆婆性格爽朗像個男人，一天到晚都不見人影，退休後參加了社區文藝團隊，三天兩頭跑外地公演。準公公則一天到晚都待在家裡，燒菜做飯打掃全包了。有時我去他們家吃飯，飯後我主動收拾桌子，準公公總說這些家事他做就好。有兩次因為小事我和Carl吵架，準公公還嚴厲地訓斥了Carl，讓我覺得很窩心。

唉，夏博士，我真是太疏忽了，其實這一切都是準公公埋下的局。關心我只是表面現象，他的內心不知道有多猥瑣。

有一次我去Carl家找他，Carl剛好加班晚點回來，準婆婆到蘇州表演了，就準公公一人在家。路上下大雨，我全身都濕透了。到他們

家之後，我匆忙和準公公打了聲招呼，就去Carl房間換衣服。雖然門是鎖著的，但我聽見外面有窸窸窣窣的聲音，感覺有人貼著門，我的直覺告訴我肯定有人偷看。我走到門邊，猛然拉開門，準公公差點倒在地上。我很緊張，他更緊張，趕緊支支吾吾問我：「我怕你著涼，想拿條乾毛巾給你擦擦。」但他手裡根本就沒有毛巾！

那次以後，我發現準公公總有意無意地碰我。後來他開始說我穿這個好看，穿那個不好看，讓我感覺很不自在，心想哪天他會不會喪心病狂，我反鎖房門，他也要撞門進來對我做不好的事。一想到這裡我就嚇死了，但這個事情我都不敢跟Carl說，更不敢跟我爸媽說，如果跟爸媽說了，可能會取消婚約，我父母本來就對他們不滿，覺得他們家很小氣，連我們結婚都不買新房子，還要跟兩個老人家住，多不方便。

如果我跟Carl說了，有兩種可能，一是他不相信，怪我想太多；二是，Carl拉我去和他爸攤牌，天啊！即使我贏了又怎樣，將來還不是得跟他爸住在同一屋簷下，天天小眼瞪大眼！而且準婆婆說不定會反咬我一口說是我勾引她老公！一想到這兒，我就倒吸一口氣。這個婚姻，還要不要結？

好煩呀！夏博士，我也想過搬出去住，但是，很花錢啊，本來我和Carl商量先在他們家住三年，三年後我們存夠錢再出去買房子。但是我就怕，還等得了三年嗎？而且三年後我們存的錢夠不夠買房子

還是個問題。

Medusa

❖

親愛的Medusa：

所謂「男人本色」，凡是男人都是好色的，不色的，要嘛性功能
有問題，要嘛不是男人，性取向有問題。即使性取向有問題，
他還是好色的，只是好色的對象不是異性。男人不但好色，而且
還非常關心性的各項資訊，從性器官的尺寸、長度、大小，持久
度、次數，以及上了年紀依然保持雄風，都是男人關注的事項。
好色通常隨著年齡的增長，也會慢慢地消退，一方面是隨著身體
機能衰竭，少了荷爾蒙作用，就算想也力不從心。另一方面是
心理的，因為人的心智慢慢地成長，對人生的需求與感悟改變
了，焦點會放在精神層面（不見得是好的一面，可能是煩惱、憂
愁），所以色已經吸引不了他們的興趣。

但是，並不是所有的男人都如此，有些男人雖然沒辦法跟年輕時
比，但是相對於同年齡的人，依然對性仍保有濃烈的興趣以及一
定的能力，繼續享受性的樂趣。而有些男人，盡管身體已經不聽
使喚了，依然色心未泯，流連於美色，雖然不能真的發生什麼，
但只求精神上的慰藉與滿足。所以，對於你準公公的行為，不要
太驚訝，不是說沒關係，而是說不要覺得恐懼或認為這是極度錯

誤的事情，要理解這種行為出現在男人身上不是不可理喻的，男人就是這樣的動物，這樣你才能保持鎮定，然後再用理性的態度去處理。

死馬不要當活馬醫，不要以為能改變準公公的性格，而是要先了解他是哪種人，是色膽包天，還是有色無膽，針對他的個性與行為，對症下藥。

如果你準公公是屬於「有色無膽」，對付這種人很簡單，要調整自己的心態，接受準公公好色但無害，他不會也不敢侵犯你，畢竟那是犯法的，他的膽子也就那麼大，雖然偷窺、不當的接觸行為已經構成犯法及性騷擾，但是他就是看中你們是親人這點，諒你也不會真的去法院告他。你說他乘機揩油也好，趁火打劫也罷，就算你真的告他，他也會死不認帳。

難道要接受他？給他摸、給他看？所謂接受是接受他是這樣的人，這樣你才不會討厭他，但是你可以阻止他、防範他。假設你親哥哥很色，他喜歡偷看你換衣服，如果你發現了，可能會怒斥趕他走，但你不會恨他，因為你知道他只是色，但並不會對你怎麼樣。平常你應該做些防範的動作，如果只有你們兩個在家，而你準公公又不斷找機會得逞的話，你可以像媽媽罵偷吃的小孩，或者恐嚇他「你再這樣，我就告訴婆婆」，如果你讓他覺得你是受害者，那他就知道自己是贏家，就不怕你了。你不是啞巴，你

不說話的話他會以為你怕他，或者你不好意思說，只會給他更多的信心。

如果你準公公屬於色膽包天的人，那就必須使用不同的辦法，先試試看哪一個有效，如果不行再換另一個，直到你確認安全為止。

當他有不當行為，你要展現出你兇狠的一面。你可以大聲地說，「公公，你在幹什麼？請你尊重點。你這樣做不怕別人知道嗎？」如果他不理會，甚至還挑釁，說反正他死也不會承認，所以不怕你說出去。那也沒關係，你就盡管兇他，因為你準公公不會冒著觸犯法律的危險。當你有很大的反應時，他才知道你不好惹。如果他想要進一步，他就必須付出代價，如果你默不作聲，就是誤導，讓他以為你不敢反抗。你不敢聲張，只會壯了他的膽，然後他就想得寸進尺。通常你做到這點，應該就有效果，問題就解決了。男人固然色，但是不至於到作奸犯科的地步，否則那不是色，而是惡了。

如果準公公沒有退縮還變本加厲，那你就必須把事情說出來。你先跟丈夫說，因為丈夫是你一生的伴侶，請他為你想辦法，如果沒效，那跟婆婆說，但要先看婆婆跟公公的關係，如果公婆關係比較敵對，而且婆婆又比較強勢，那麼跟婆婆說或許有用；如果公公比較強勢，婆婆不敢怎樣，也無濟於事。如果丈夫或婆婆都

不幫你，或幫了，但最後沒效，那你只好搬回娘家住，直到問題解決才回去，這是最後不得已，但一定要保護自己的一步棋。

夏東豪

男閨蜜真心話

現代剩男剩女越來越多,是因為找不到對象?這些人成為剩男剩女之前難道沒談過戀愛?他們一定談過戀愛,只是最後還是分手了。所謂「相愛容易相處難」、「婚姻是要經營的」,懂得相處、懂得經營的伴侶,才能長長久久地在一起。

何謂懂得相處、懂得經營?很多人說要「懂得愛」,錯,因為造成兩個人痛苦分離的,不是因為對方多麼不懂愛,問題往往出在,當對方對我不好的時候,我如何面對與處理。面對與處理的結果,才是影響彼此關係的關鍵。

面對與處理挫折的態度與技巧,就是「愛情逆商」。愛情逆商越高的人,能創造和諧親密關係的機會就越大。「愛情逆商」和「愛一個人」是兩件事情。有些人即使很會當情人但是愛情逆商低,雖然平常對情人很好,但是一遇到問題就大吵大鬧,最終關

係越來越惡化。愛情逆商高的人比較能用正確的態度與方法處理問題，關係自然能夠維持下去。

想做到高愛情逆商，就要懂得檢討自己。有時的確是對方犯錯，但重點是檢討自己的回應方式對不對，是不是可以達到想要的結果，是不是可以解決問題讓關係變好？如果抱著這樣的態度，才能緩衝彼此的衝突。

其次要用對方法。平常可以多看書，遇到問題時多請教他人的意見，但是千萬不要找跟自己一個鼻孔出氣的人，一點幫助也沒有。

大家要把焦點從「誰對誰錯」移到「如何解決」，改變自己的想法與態度，並且應用到生活上，最後創造屬於你的幸福生活。

夏東豪

唯心 0003

男閨蜜——33個姊妹淘沒辦法跟妳說的愛情真心話

作　　者——夏東豪
主　　編——陳秀娟
封面設計——9d Visual Creation
內頁設計——林曉涵
校　　對——陳秀娟、楊淑媚、梁芳春
行銷企劃——塗幸儀
董 事 長
總 經 理——趙政岷
第三編輯部
總　　監——梁芳春
出 版 者——時報文化出版企業股份有限公司
　　　　　10803 臺北市和平西路 3 段 240 號 2 樓
　　　　　發 行 專 線—（02）2306-6842
　　　　　讀者服務專線—0800-231-705・（02）2304-7103
　　　　　讀者服務傳真—（02）2304-6858
　　　　　郵　　　撥—19344724　時報文化出版公司
　　　　　信　　　箱—臺北郵政 79-99 信箱
時 報 悅 讀 網—http://www.readingtimes.com.tw
電 子 郵 件 信 箱—books@readingtimes.com.tw
第三編輯部風格線臉書—http://www.facebook.com/Bookstyle2014

法律顧問—理律法律事務所 陳長文律師、李念祖律師
印　　刷—盈昌印刷有限公司
初版一刷—2014 年 10 月 9 日

定　　價—新臺幣 300 元

國家圖書館出版品預行編目資料

男閨蜜: 33個姊妹淘沒辦法跟妳說的愛情真心話/
夏東豪著. -- 初版. -- 臺北市：時報文化,
2014.10　　面；　公分
ISBN 978-957-13-6036-2(平裝)
1.戀愛 2.兩性關係

544.37　　　　　　　　　　103014466

ISBN 978-957-13-6036-2
Printed in Taiwan